用 文 字 照 亮 每 个 人 的 精 神 夜 空

节日里的中国

春节

萧放 著

天津出版传媒集团

天津人民出版社

图书在版编目（CIP）数据

春节 / 萧放著 . —— 天津 : 天津人民出版社，
2023.2

（节日里的中国）

ISBN 978-7-201-17577-5

Ⅰ . ①春… Ⅱ . ①萧… Ⅲ . ①春节－风俗习惯－中国

Ⅳ . ① K892.18

中国版本图书馆 CIP 数据核字 (2022) 第 249801 号

春节

CHUNJIE

出　　版	天津人民出版社	
出 版 人	刘　庆	
地　　址	天津市和平区西康路35号康岳大厦	
邮政编码	300051	
邮购电话	（022）23332469	
电子信箱	reader@tjrmcbs.com	

责任编辑	李　荣
封面设计	欧阳颖

印　　刷	北京金特印刷有限责任公司
经　　销	新华书店
开　　本	889毫米 ×1194毫米　1/32
印　　张	8
字　　数	200 千字
版次印次	2023年2月第1版　2023年2月第1次印刷
定　　价	64.00元

题记

　　糖瓜祭灶，新年来到。闺女要花，小子要炮，老
婆子要吃新年糕，老头子要戴新呢帽。

　　这首北方广大地区流行的年节歌谣，生动地传递着旧时民
众盼望新年的热切心情。

　　当今的春节虽然没有往昔隆重，但它依然是中国人的第一
大节日。君不见，春运期间，交通线上人如潮涌，城乡之间几
十亿人次的人口大移动，构成了当代中国节日民俗一大景观。
"一年不赶，赶三十晚。"对于漂泊异乡的人来说，回家的路虽
然漫长，可人们返乡的热情丝毫不减。多年前，一首《常回家
看看》唱出了多少游子的心声，回家的感觉真好。那里有妻儿
老母、兄弟姐妹，还有祖先的庐墓、熟悉的乡土。一旦到家，
在亲情的滋润中，路上的辛劳与烦恼也就烟消云散。回家不单
单意味着亲人的团聚、礼物的馈赠，更是一次精神的洗礼。

　　当然，随着时代的变迁，传统的节俗也在变化，有人说：

"过年不就是吃吗？我们现在天天过年。"也有人说："过年越来越没有意思，鞭炮不能放了，娱乐只剩下一台春节晚会了。"物质生活丰富了，却找不到过年的感觉了，人们失去了以往盼望过年的激动。旧时的热闹与温馨在哪里？人们在寻找、思索，有时不免迷茫，我们还需要春节吗？答案是肯定的，不仅需要，而且应该！人们的抱怨与牢骚不正体现着他们的精神渴求？大众并没有对传统文化产生厌倦，而是感觉我们在传统文化建设方面做得太少，不能满足新的文化需要。

一种事物是否为人们接受、认同，就看它是否具有认知的价值与生活的意义。春节是具有特殊意义的文化现象——我们可以轻易地脱下长衫，换上西装，但很难改变我们的肤色、语言与思想。春节也一样，想改变它没有那么容易。

春节在几千年的文化积累与传承中已经成为不可或缺的历史文化传统。春节负载着厚重的历史，是亿万中国人情感的聚合，在中国人心目中有着神圣的地位。团圆是春节文化的重要内容，有一句唐诗很能描述这种情况："一年将尽夜，万里未归人。"旧时北京人过年时要吃荸荠，荸荠谐音"必齐"，说的就是亲人要新年团聚，没有回来也要给他摆一双碗筷。许多地方，年夜饭必定有鱼、肉做成的丸子以及其他象征团圆安乐的菜肴。人们在年夜饭中更看重的是亲情与团聚，这是一年一度不可或缺的精神聚餐。年夜饭一定要在家里吃，用自己的双手做一顿全家人共享的团圆饭。

人除了一般的生理满足外，还寻求文化的归属与心灵的安顿。中国的春节与西方的圣诞有着同样的文化功用，而春节更富于人世伦理色彩：奉祀家族祖先，亲人欢乐聚会，人们的精神在亲情的浸润交融之中得到升华。

如一首歌所唱，一年三百六十五天就是三百六十五里路，那么春节就是最重要的驿站。人们一路的辛劳，一路的喜悦，都汇聚在这一时间驿站中。人们用团年、贺年、拜年等仪式，传达着亲情、友情与恋情，团聚着家人邻里，这是何等温馨与幸福。

作为民族文化遗产，我们对春节不仅要呵护、珍视，更重要的是要善于经营。春节的变化正在发生，节俗的传承是当务之急。我们应该重视具体的年节民俗事项，正是春联、年画、鞭炮、龙灯、狮舞、团年饭、拜年、庙会、社火、压岁钱、年节礼物等年俗营造了年节的气氛。春节是民众一年一度情感、愿望的释放日，这一天，人们让旧年的郁闷、旧年的压抑，在送旧的鞭炮声中随风而逝；新年的期冀、新年的祝福循着迎春的鼓点落入人们的心田。

在全球化的今天，春节已经跨越国界，它不仅是我们本土的文化节日，随着中国国际影响的增强和华人遍布世界的脚步，春节也正成为世界许多地方共享的文化节日。如美国纽约已将春节列为法定假日。在文化多元化的世界潮流中，中国春节以其特有的文化魅力，吸引着世界的目光；中国春节对于凝聚家庭、族群的特殊价值，也日益受到世界人民的认同与欣赏。

春节给我们提供了回归传统与祖先对话的机缘，让我们在庸常的日子里有机会体验深厚的文化意蕴。如今，我们已经失去了太多生活的情趣。如果生活中没有非同寻常的节日，没有神圣与崇高，我们的生命之树就会失去绿色，就会枯干，生活就会成为毫无意义的"活着"。在时间的追赶之下，我们的日常生活匆忙而功利，我们的精神常常焦虑而孤独。我们不妨在传统节日中对礼仪性的、象征性的、微细而温情的民俗多加强调、提倡，让社会多一些文化关怀，让生活多一点色彩。如是我愿。

目 录

壹　丰收祭与新岁首　　　　　001

贰　春节的演变　　　　　　　007

叁　春节习俗深描　　　　　　051

肆　海外过春节　　　　　　　229

后记　　　　　　　　　　　242

壹

丰收祭与新岁首

春节是中华民族的第一大节，它在我们的文明史上有着重要的地位。传统意义上的春节以年终岁首为时间基础，在民俗中被称为大年，其核心内容是除旧迎新，围绕着除夕与新年，形成了丰富多彩的节俗。

春节，在古代称为岁首、正旦、元日、元旦等，民国年间正月初一改称为春节。由于我们大家都已经习惯将春节等同于岁首，并且将年末也包含在春节系列活动之中，所以本书将自上古开始的年终岁首的年节祭祀与庆祝活动都囊括在传统春节范围之内。作为岁首新年，春节在中国已经走过了三千多年的历程，其产生与古代历年概念的形成有着直接关系。从本质意义上说，它根源于上古先民的时间感受与时间意识。古人重视与时间相关的天文、物候及人事活动等，年的时间周期概念在三代[1]以前就已经为人们所掌握。

《尔雅·释天》：

1　三代，指夏、商、周三代，该说法初见于《论语》，原指夏、商、西周三个朝代，秦以后用来指代夏、商、周（西周和东周）。

夏曰岁，商曰祀，周曰年，唐虞曰载。

　　唐虞时代大概是新石器时代晚期，那时以"载"称年，载是运载之意，表示时间的运行与变化。夏代以"岁"称年，岁与收获、祭祀及天文星象有关。"岁"本为斧类砍削工具，也用来收获庄稼。当时庄稼一年一熟，庄稼收获后，人们要杀牲祭神，"岁"就成为祭祀的代称。这种每年一度的丰收祭祀庆祝活动，将自然时间分成了不同的时间段落。因此岁收之"岁"与岁祭之"岁"就逐渐成为特定的年度时间标记。商代以"祀"称年，强调祭祀周期，这与商代的文化特性相关。周代继承夏代以农作物丰收为年度时间周期的计时传统，正式将年度周期称为年。

　　"年"本义指农作物的丰收。甲骨文中的"年"字，是人背禾的象形字，指收成。甲骨卜辞中常有"受年""受黍年""求年"等。《说文》："年，谷熟也。"在农作物丰收之后，人们要举行庆祝活动，祭祀神灵，感谢赐予，并祈求来年的丰收。由于当时禾谷一年一熟，人们自然将禾谷成熟一次称为一年。商代并不特别看重禾谷成熟周期，而周代以农业为立国的基础，农业丰收是王朝大事，因此径直以禾谷收获期作为年度时间名称。以农作物生长、成熟

甲骨文中的"年"字

〔南宋〕马和之《豳风图（局部）》

为时间段落标志是原始先民的习惯，它在一些后进民族中保存了很久。大年、新年由周代确定之后，成为中国人最向往的日子。

《诗经·豳风·七月》中记载了周代禾谷登场后人们庆祝、欢乐的场景：

九月肃霜，十月涤场。朋酒斯飨，曰杀羔羊。

跻彼公堂，称彼兕觥，万寿无疆。

周人以夏历十一月为岁首之月，因此在十月末十一月初过年，过年的热闹与过年祝福此时已经有相当鲜明的体现。

　　汉武帝太初元年（前104）正式确定以夏历正月为岁首，此后历法虽不断修正变化，但正月岁首的时间从未改变，年节也就固定下来。年是农业社会的时间标志，体现着农人的生活节律，这样的传统在中国延续了三千年。从这一意义上来说，春节是古老的。同时春节作为中国人的首要节日，年复一年地为人们提供庆祝与欢乐的机会，人们从春节民俗中获得一次次精神更新，同时也使社会关系不断得到增进，因此我们说，春节又充满了新鲜与活力。

儒素偶至並繪事

一去塘柳色青

韶顏猶存北宋

丹青洗不案大

家簡淡風煙縞

欲低挑後起泉

流洲劉曲能通

天然佳句誰管

領付與楊頭策

杖寫

壬午春渚題

汉重作

贰

春节的演变

上古春节雏形——岁终大祭与新年祈谷之礼

丰收祭是春节最初的起源。中国农业生活的发展方向在新石器时代就已奠定，农业中国的岁时节日，依循的是农业社会的生活节律。人们丰收之后的祭献与庆祝自然成为年度周期的界标。上古社会人们从神性的角度理解日常时间进程，伴随着四季岁时的是岁时祭祀活动，人们利用各种季节祭祀仪式中断日常生活，以实现与天神地祇人鬼的沟通。岁末年初的冬春时节尤受关注。传统的大型岁时祭祀仪式常常在这一特定的时节举行。所谓祭祀，依照《说文》的解释是以手持肉奉献给神灵。以食物奉献神灵是中国传统祭祀的基本方式，中国人认为以上等的或时令食品献给神灵，就如人间以佳肴招待贵客一样，能很好地表达自己的赤诚。上古春节的岁时活动主要就是祭祀诸神与祈求谷物丰收。

上古春节祭祀主要表现为集团性的公祭，时间在岁末年初，祭祀的对象是天地山川、宗庙社稷，祭品丰厚，仪式盛大规整，是部落集团或国家礼制的重要组成部分。祭祀由天子主持，参加者是文武百官。早期的岁时祭祀应该是原始部落国家的公祭，我们虽然不能确切知晓当时的祭祀情形，但从考古发现的祭坛（如红山文化）遗址中可以想见当时的祭祀规模。越是早期社会，其祭祀活动越是频繁，祭祀仪式也越隆重。在没有文字的时代，人们要传承知识与文化，只能靠有形的活动的仪式反复强化记忆与观念，因此仪式充当了文化传承的载体。自从文字被发明之后，中国古代社会祭祀文化就开始被记录，甲骨卜辞、《周易》《尚书》等都有程度不同的记述。《仪礼》《周礼》《礼记》是古代重要的礼制文献，其中保存了有关先秦岁时祭祀的丰富信息，我们看到与春节时段有关的祭祀是"岁终大祭"与元日天子"祈谷"。

岁终大祭是岁末对天地人间诸神的一次总结性的隆重祭祀。在《礼记》中我们看到年终大祭的两种形式：一是"大饮烝（zhēng）"，即宗庙祭祀大礼，同时要祭祀日月星辰、公共社神、门闾之神及门、户、中霤[1]、灶、行等日常五祀。时间在夏历十月，这是周历一年的最后一月，所以要大祭诸神。一是大蜡之祭。年终的大蜡之祭，在夏朝称为嘉平，在殷商称为清祀，周朝始称大蜡，祭祀先啬、司啬、百种、农、邮表畷（zhuì）、禽兽、坊、水庸等八神。这八神大都与农事活动有关，据前人考证先啬是

1　中霤（liù），上古人穴居，在穴顶上开洞取光，雨水亦从洞口滴下，谓之"霤"。因此称房室中央取明处为"中霤"，即今之"天窗"，后引申以代指"宅神"。

〔清〕佚名《雍正帝祭先农坛图（局部）》

神农，司啬是后稷，百种为百谷神，农为田神，邮表畷为井田道路间的界亭神，禽兽为猫虎神，坊为堤防神，水庸为沟渠神等。迎猫是为了让它吃田鼠，迎虎是为了让它赶走田里的野猪，以保证农作物的丰收。在祭祀坊与水庸时要念一段祝词：

土反其宅，水归其壑，昆虫毋作，草木归其泽。

这段祝词有着弥足珍贵的文化价值，这种命令与祈求混杂

的语气，生动地反映出古人对待神灵的态度，人们祈求神灵在新的年份里管束好水土、昆虫、草木，让它们各安其位，以免给人们的生活带来祸害。大蜡的时间在夏历十二月，是岁末对有关农事诸神的一次总祭，所谓"合聚万物"，而总祭诸神。大蜡之祭充分体现了古人对农事的重视。

再说元日天子"祈谷"之礼。天子在立春之日要到东郊迎气。立春日，周天子穿着青色的衣服，乘青色的车马，率领三公、九卿、诸侯、大夫到东郊迎春。然后在本月选择一个吉利的天干日，如上辛日，举行郊祀祭天，祈谷于上帝。郊天之后，周天子还选择一吉利的地支日，如亥日，举行农耕仪式。天子亲自带着耒耜等农具，在三公、九卿、诸侯、大夫的簇拥下，进入田间进行象征性的耕作，这就是史书上常说的"躬耕帝籍"，即周王亲自为天帝到祭田劳动，兼之为本年农事丰收祈祷。这种正月立春后郊祀祈求丰年的仪式，成为历代王朝的政治大事。为了郊外祭祀的方便，帝王还要修筑郊天的圜丘。这种年节祈谷仪式成为后代王朝遵循的新年典礼。隋朝卢思道《驾出圜丘》诗描写了当时郊天的情形：

开年简时日，上辛称天吉。

平晓禁门开，隐隐乘舆出。

乘舆出九重，金根御六龙。

章移千乘动，旆举百神从。

黄麾引朱节，灵鼓应华钟。

神歌已相续，神光复相烛。

风中飏紫烟，坛上埋苍玉。

唐宋依然以正月上辛日作为举行祈谷仪式的时间。明清在南郊建筑天坛，作为帝王祭天的专门场所，冬至圜丘祭天、正月祈谷典礼都在这里举行。天坛内有南北二坛，南为圜丘坛，北为祈谷坛。祈谷坛的主体建筑是祈年殿（原称大飨殿），明清帝王正月上辛到天坛祈年殿祭祀上帝，为民祈谷。

上古社会膜拜自然，岁时信仰中体现着人们对神秘自然的礼敬。春节虽然还没有作为正式名称出现，但其岁时年节的意义已经形成，人们将春节所在的岁末年初作为具有特殊神性意义的时段，通过虔诚的祭仪，实现与天地万物的沟通与交流。

中古春节——朝会与拜贺

秦汉以后，中国社会逐渐脱离早期原始宗教信仰的影响，人们的岁时观念开始发生根本性变化，依从自然月令的时间习惯逐渐改变，岁时节日与社会生活的协调受到关注。作为岁首的春节，在秦汉以后社会意义明显，朝廷将岁首作为展示与加强君臣之义的时机，民间则作为乡里家庭聚会的良辰。

秦代至汉中期前，岁首在夏历十月，十月初一为新年。汉武帝太初元年（前104）将岁首之月确定在建寅之月（夏历正月），此后历代相沿。这样与四时中的立春节气接近，一年之始与四季之始的时间基本合拍，岁首新年与新春同时庆贺。秦朝的十月新年在汉朝称为"秦岁首"，其庆贺礼仪活动也保存下来。《荆楚岁时记》中仍有南朝时"秦岁首"吃黍米肉羹的记载，再到后世，演变为"寒衣节"。

汉朝中期以后，岁首在正月初一，称为正月旦、正旦、正日。正月岁首是王家定历之后确定下来的，所以《史记·天官书》中说：

正月旦，王者岁首。

它与原始宗教的腊祭在时间上有所区别，但十分接近，传统的部族生活以腊祭的第二天为"初岁"，人们以"一会饮食"的方式庆贺。正月旦是汉代皇家的重要庆祝日，朝廷要举行大规模的朝会，"每岁首正月为大朝受贺"。皇帝正月清早上朝，接受文武百官的庆贺，同时百官也得到新年宴饮的赐赠，这时礼乐齐鸣、百戏腾跃、鱼龙曼延，一片欢乐景象。除非遭遇特大灾患，正旦朝会年年举行。有时新年朝会也会因为帝王的爱好有小小的不同。如在儒家经学盛行的东汉，讲经论学成为社会时尚，在正旦朝会之后，有时会插入一个有趣的节目，那就是辩论经术。汉光武帝刘秀在朝贺之后，让群臣能说经者互相辩难，如果该人学理不通，就要将其座席让给通达之士，侍中戴凭以其深厚的经学功力夺得五十余席于坐下。当时京师盛传："解经不穷戴侍中。"（《后汉书·戴凭传》）这样的朝会对于混迹官场不学无术的官员来说，可就成了难过的"年关"。当然，这样的朝会在历史上并不多见，正旦朝会更多的是显示歌舞升平以及君恩臣义的融洽景象。

在朝廷的影响下，王者岁首逐渐成为民俗大节，汉代民间将年节民俗活动由传统的腊日、腊明日移到正月之旦的"正日"。东汉崔寔《四民月令》记载了东汉时期民间正日的祭祀仪式与庆祝活动。

首先，祭祀祖先、礼敬尊长是汉代正日礼仪的主要内容。在正日前的三天，家长与执事都要斋戒。正日是祭祀日，在家长、执事敬酒请神之后，全家无论大小，按尊卑等次列坐于先祖牌位之前，家人怀着喜悦的心情依次向家长敬酒致贺。

> 子妇孙曾，各上椒酒于其家长，称觞举寿，欣欣
> 如也。

为家长祝岁祈寿是自古的年节传统，《诗经·豳风·七月》"称彼兕觥，万寿无疆"的岁末饮酒祝福即是此义。岁首的酒品是敬神之酒，具有通灵的特殊效用，它能辟邪祛恶、益寿延年。

其次，拜贺宗亲乡党。正日家庭祭祀庆祝仪式之后，人们走出家门，拜谒恭贺亲族与邻里，利用年节时机，沟通自己与亲族、邻里的关系。后世正月拜年的传统即由汉代正日新年拜贺的习俗发展而来。

岁首卜年，是汉朝正旦的主要节俗之一。汉代人在正月旦预测一年水旱、年成丰歉。《史记·天官书》：

凡候岁美恶，谨候岁始。

正月旦是与冬至、腊明日、立春并重的四种岁时序列的开始日，它是重要的年度吉凶预测日。正月旦观测风向：

风从南方来，大旱；风从西南来，小旱；风从西方来，有兵事发生；风从西北来，胡豆熟，有少量雨水，兵事促动；风从北方来，有中等年成；风从东方来，有大水；风从东南来，人民有瘟疫疾病发生，年成也很坏。

还有看云的颜色，占卜种植所宜。另外有一种从正月旦至正月初七观测雨水以卜年成的习俗，从正月初一开始，一日雨，民有一升之食，二日雨民有二升之食，数至七日，最高有七升之食。魏晋时期根据正月初一至初七天气阴晴占卜六畜与人口情况的习俗，大概与此相关。

还有岁首听声预测未来年成的习俗。"是日光明，听都邑人民之声"，声合宫，则为好年，吉利；商音，就有兵事；徵音，有旱灾；羽音，水灾；角音，则为恶年。据五音占卜年成，是一种与五行属性相关的神秘的巫术信仰。

近代民俗社会中，新年还有听人说话，预测人事未来的习俗，称为"听谶"。

〔清〕吴历《云白山青图（局部）》

　　汉朝岁首家庭聚餐中，有一道特殊的菜肴，那就是菟髌（兔子的髌骨），"食得菟髌者，名之曰幸"。得幸者，是好兆头，如后世得彩头，令人吉利。还有一说，吃到菟髌者，令人面部不会像菟髌那样难看，得到菟髌就意味着自己不会有这一疾患。髌是膝盖骨，为何得菟髌就能吉利，在秦汉有一颇有深意的解释：古代有一种髌刑，对于钻墙打洞、入室盗窃者，处以髌刑，即去掉犯人的膝盖骨。秦朝残暴，滥施刑罚，"烹俎车裂，黔首

穷愁"，所以人们吃到菟髌，就认为自己得到"佳瑞"，说这样
就可免除自己遭受髌刑的厄运（《风俗通义》佚文）。菟髌给人
带来幸运，这可能是一种古老的习俗，正旦食用它，并赋予它
以新的民俗解释，这是秦汉民俗的新发展。

魏晋南北朝时期，岁首称为元正、元日、元会。岁首朝贺
仍是朝廷大典，由于典籍缺载，对于魏时元会大礼，只能知道
概略情形。魏司空王朗奏事说到岁首朝贺：

> 故事，正月朔，贺。殿下设两百华灯，对于二阶
> 之间。端门设庭燎火炬，端门外设五尺、三尺灯。月
> 照星明，虽夜犹昼矣。（《宋书·礼一》）

在华灯之下，岁首朝贺之仪，想必美轮美奂。曹植《元会》
诗给我们描绘了当日的热闹：

> 初岁元祚，吉日惟良。乃为嘉会，宴此高堂。尊
> 卑列序，典而有章。衣裳鲜洁，黼黻（fǔ fú）玄黄。清
> 酤盈爵，中坐腾光。珍膳杂遝（tà），充溢圆方。……
> 俯视文轩，仰瞻华梁。愿保兹善，千载为常。欢笑尽娱，
> 乐载未央。皇室荣贵，寿考无疆。

穿着干净漂亮的衣裳，享受着珍奇的美味，徘徊在装饰华丽的殿堂之上，希望这种快乐永远，祝福尊辈万寿无疆。晋朝武帝时对元会朝仪进行了重新修订，如傅玄《元会赋》所云：

考夏后之遗训，综殷周之典艺，采秦汉之旧仪，定元正之嘉会。

正月一日前晚，宫廷官员坐于端门外，大乐鼓吹等仪仗设于殿前。"夜漏未尽十刻，群臣集到，庭燎起火。上贺谒报，又贺皇后。"夜漏未尽五刻，群臣入殿堂各就位，"皇帝出，钟鼓作，百官皆拜伏"，皇帝坐定，群臣起身，然后依次朝贺，直到天明时分，皇帝分若干阶段接受藩王、使者、百官的恭贺，百官伏称万岁。皇帝赐众人饮酒饭食。六朝正旦元会时，在殿庭上设白虎樽，樽盖上有一只白虎，如果能在殿庭上直言进谏，就可开此樽饮酒。南朝宋代，废止了冬至庆贺礼，"唯元正大庆，不得废耳"（以上《宋书·礼一》）。梁朝元会，同样在正月一日子夜开始，"梁元会之礼，未明，庭燎设，文物充庭"。地方州府岁首同样行庆贺之礼，梁元帝为荆州刺史时，元日之时，"府州朝贺"（《南朝梁会要·嘉礼》）。

由于《荆楚岁时记》的记载，我们能确知魏晋南北朝元日的具体节俗。该书为南朝人宗懔所撰，记述了当时荆楚一带岁时节日民俗。荆楚处于中国南北东西的过渡地带，其民俗荟萃五方，其节日民俗具有代表意义。正月一日是"三元之日"，所谓三元，即岁之元、时之元、月之元，也就是说正月初一是岁首、四时之首、一月之首。元日人们鸡鸣而起，先到门庭前燃放爆竹，"以辟山臊恶鬼"。然后一家大小都穿戴整齐，依次拜贺尊长。拜贺时要进奉椒酒、柏叶酒、屠苏酒等，人们在元日饮桃汤、吃胶牙糖，并尝试五辛盘，即以葱、蒜、韭、蓼蒿、芥五种辛辣味组合的菜肴，以在春日之初疏通五脏之气，还食用鸡蛋一枚，服用中药"敷于散"（柏子仁、麻仁、细辛、干姜、附子等搭配而成）一剂。元日的饮食目的在于强身健体、辟邪祈福。正如庾信《正旦蒙赉酒》诗云：

正旦辟恶酒，新年长命杯。

六朝元日饮酒俗规奇特，它颠倒了以前饮酒从尊长开始的原则，顺序是从年龄小的开始，因为"小者得岁，先酒贺之"，而老人新年趋老，所以最后饮酒。此外，还在手臂上佩戴却鬼丸，在门户上挂桃板，称为"仙木"，门口画一只大鸡，挂一串苇索，以禳除鬼邪之害。

岁首卜年的民俗也很有趣。正月初一，人们以一串铜钱系在竹杖脚下，旋转着抛到粪堆上，说这样新年即可诸事顺意。

古人行拜贺礼
〔明〕郭诩《人物图册（其一）》

　　传说商人区明过彭泽湖时，遇到水神，水神邀其做
客水府，临行问他要何礼物，有人教区明，只要"如愿"。
水神很不情愿地答应了，原来"如愿"是水神的婢女。
自此之后，商人要啥，如愿就能满足他。后来在一年的
正旦，如愿起来晚了，商人打了如愿，如愿逃到粪堆中，
商人用竹杖打粪堆，喊如愿出来，如愿终究没有回来。

　　这样就流传着正月初一打粪堆、呼如愿的风俗。隋朝时北
方人正月十五打粪堆，有人还假装疼痛答应。
　　六朝时还以正月初一至初七为新年预测日。董勋《问
礼俗》：

正月一日为鸡，二日为狗，三日为猪，四日为羊，五日为牛，六日为马，七日为人。正旦画鸡于门，七日贴人于帐。

人们以每一天的阴晴判定未来某物是否丰产，晴则丰产，阴则不熟。六朝战争频繁，人口损失巨大，因此对人口的繁衍极为关注，人日也就成为春节期间特别重要的节日。人们在正月七日人日这天，吃七种菜合煮的菜羹，剪彩绸为人形，或贴屏风，或戴之头鬓，以祈人类之福。立春日，剪彩燕戴于头上，并贴"宜春"帖子，以应节气。正月十五，以豆糜、油糕祭祀门户，晚上迎紫姑，"以卜将来蚕桑，并占众事"。紫姑是古代蚕神，传说她本是一大户人家的小妾，被大夫人迫害致死，死后成为预测年成及人事未来的神灵。人们通常在正月十五晚上做一个偶人迎接紫姑。近代山东仍有正月十五"扎姑姑"的习俗。

隋唐春节，称为元日、岁日、元正。元日是新春的节日，"人歌小岁酒，花舞大唐春"（卢照邻《元日述怀》）。从唐代开始，春节被定为政府法定假日，唐开元年间《假宁令》规定，元日、冬至各给假七日。元日七天假期是年前三天、年后三天。每逢元日，朝廷照例举行早朝大典，庆贺新年。

〔清〕黄钺《京华春熙册·春旛剪彩》

每岁正旦晓漏已前，宰相、三司使、大金吾，皆
以桦烛百炬拥马，方布象城，谓之火城。

由于早朝官员灯烛的繁盛，长安犹如"火城"。中书门下率
文武百僚拜表称庆，由内臣宣答。地方诸道贺表，由礼部员外
郎接受，取其中官阶最高人的贺表一通跪读进贺。（《南部新书》
卷丁）唐人耿沣《元日早朝》诗描写了帝王朝会威仪的庄严与
四海一家、共享元日的升平气象：

贰
春节的演变

023

九陌朝臣满，三朝候鼓赊。

远珂时接韵，攒炬偶成花。

紫贝为高阙，黄龙建大牙。

参差万戟合，左右八貂斜。

羽扇纷朱槛，金炉隔翠华。

微风传曙漏，晓日上春霞。

环珮声重叠，蛮夷服等差。

乐和天易感，山固寿无涯。

渥泽千年圣，车书四海家。

盛明多在位，谁得守蓬麻。

民间元日合家团聚，设宴欢庆。白居易在江南与家人一道团圆度节，感受到亲情的温暖，有《岁日家宴戏示弟侄等兼呈张侍御殷判官》诗为证：

弟妹妻孥小侄甥，娇痴弄我助欢情。

岁盏后推蓝尾酒，春盘先劝胶牙饧。

形骸潦倒虽堪叹，骨肉团圆亦可荣。

犹有夸张少年处，笑呼张丈唤殷兄。

元日饮酒，仍以年少者先饮。裴夷直《岁日先把屠苏酒戏酬唐仁烈》：

> 自知年几偏应少，先把屠苏不让春。
>
> 倘更数年逢此日，还应惆怅羡他人。

元日饮酒是对年轻人添岁的祝贺，"称觞惟有感，欢庆在儿童"（李约《岁日感怀》），同时也是对年长者的祝福，"但将千岁叶，常奉万年杯"（赵彦昭《奉和元日赐群臣柏叶》）。

元日祈寿风俗流行。唐武宗会昌二年（842），日本僧人圆仁在长安度过春节，他在《入唐求法巡礼行记》中记下了当时的情形：

> 正月一日，家家立竹竿，悬幡子。新岁祈长命。

唐朝人日风俗沿袭六朝，剪彩戴胜十分普遍。胜是一种具有特殊信仰意义的头饰，当时的胜大多用彩帛裁剪而成。唐诗中有不少描写人日剪彩的佳句，如李商隐《人日即事》所咏：

> 镂金作胜传荆俗，剪彩为人起晋风。

唐朝人日剪彩更多地表现了节日欢愉的心态，请看徐延寿

〔明〕戴进《春酺图（局部）》

《人日剪彩》诗：

> 闺妇持刀坐，自怜裁剪新。
>
> 叶催情缀色，花寄手成春。
>
> 帖燕留妆户，黏鸡待饷人。
>
> 擎来向夫婿，何处不如真。

人日赏春，是唐朝春节风俗，有人登高赏梅，有人歌舞纵酒，鲍防《人日陪宜州范中丞传正与范侍御传真宴东峰亭》：

> 人日春风绽早梅，谢家兄弟看花来。
>
> 吴姬对酒歌千曲，秦女留人酒百杯。

人日春风催开了梅花，主人与客人看花饮酒，宴乐于东峰亭上。

正月十五上元节，在六朝时期主要是与春节相连祭祀的节日。隋唐时期，上元放灯、观灯成为春节的重要节俗。元宵灯会的兴盛从隋唐开始，历代相沿。隋炀帝杨广是一个爱热闹的人，每年元宵他都要在都城洛阳举行盛大的灯会，招待外国使者，以夸耀中国的富庶。这位隋朝天子还写了一首《上元夜于通衢建灯夜升南楼》诗：

法轮天上转，梵声天上来。

灯树千光照，花焰七枝开。

看来风流天子有着不错的诗才。

唐朝是一个气象万千的时代，元宵张灯风气更盛。八十尺高的百枝灯树，竖立高山之上，百里之外都能见到。二十丈幅的灯轮，"衣以锦绣，饰以金银，燃五万盏灯，簇之如花树"（《朝野佥载》）。唐朝皇帝为了举国同乐，将以前正月十五一夜的灯会延长到三夜，规定正月十四、十五、十六官家放假三日；为了人们通宵观灯游赏，节日期间取消平时的宵禁，即所谓"金吾不禁"。唐初诗人苏味道在《正月十五夜》诗序中说：

京城正月望日，盛饰灯火之会，金吾弛禁，贵戚

及下里工贾，无不夜游。

接着他咏赞了唐代元宵的灯火盛况与游乐场景：

火树银花合，星桥铁锁开。

暗尘随马去，明月逐人来。

游伎皆浓李，行歌尽落梅。

金吾不禁夜，玉漏莫相催。

宋元明清各代，春节称为元日或元旦、新年。正旦朝会仪式依然是皇家的重要典礼。北宋东京（今开封）"正旦大朝会"隆重威风，皇帝端坐大庆殿，四名身材魁伟的武士站立殿角，称为"镇殿将军"。殿上陈列仪仗，百官皆朝服冠冕，各路举人头名也身穿官服在朝廷站班。各州进贺官员各持地方特产进贡。各国使者亦上朝入贺：辽国大使衣着紫窄袍，头顶金冠，冠的后檐尖长，像大莲叶；副使腰裹金带，穿着如汉服。大使拜则立左足，跪右足，以两手着右肩为一拜。副使拜如汉仪。夏国大使副使，均戴金冠，着短小制服，穿红色窄袍。参拜的方式是叉手展拜。高丽与南番交州的使节参拜如汉家仪式。回纥人长髯高鼻，以长帛缠头，散披其服。于阗人皆小金花毡笠、金丝战袍束带，并带妻子同来。各国使者不远万里，参加宋代岁首朝会，皇帝例行赐宴款待。辽人与宋人还要比试箭法，得胜有奖。

　　伴射得捷，京师市井儿遮路争献口号，观者如堵。

　　（《东京梦华录》卷六）

　　南宋临安的"元旦大朝会"大体如北宋东京，皇帝坐大庆殿，百官、地方进奏官、各国使臣皆立殿庭。内殿侍卫厉声问："班齐未？"禁卫人员随班奏："班齐！"宰相领百官蹈舞拜贺，禁卫人员高声喧呼，名为"绕殿雷"。枢密使等称贺声毕，登殿，弯腰站立，百官皆鞠躬听制。

皇帝制曰：

履兹新庆，与卿等同。

朝贺结束，就殿给宰执群臣赐宴，外国使者次日就馆赐宴。宋朝的岁首朝会比唐朝更为严肃，显示着皇权的威严。

元朝学习了汉家仪制，岁首朝会亦隆重盛大。正月一日，百官待漏于崇天门下，也是夜晚五更入朝。皇帝、皇后先后入座大明殿，待司晨官报时，百官分左右从日精门、月华门进殿，分站两班，向皇帝、皇后鞠躬、跪拜，山呼万岁、万万岁。

丞相上表祝赞：

溥天率土，祈天地之洪福，同上皇帝、皇后亿万岁寿。

然后给皇上三进酒，教坊奏乐。接着宣读中央与地方官的贺表与礼物清单，僧人道长、耆老、外国蕃客依次进贺。礼毕，大会诸王、宗亲、驸马、大臣在殿上赐宴。(《元史·礼乐志》)元代著名诗人萨都剌《都门元日》诗记述元代朝会盛况：

元日都门瑞气新，层层冠盖羽林军。

〔元〕刘贯道《元世祖出猎图》

云边鹊立千官晓，天上龙飞万国春。

官殿日高腾紫霭，箫韶风细入青旻。

太平天子恩如海，亦遣椒觞到小臣。

　　元朝帝王继承了中华岁首朝会大礼之仪，在盛大的新年庆典中显示太平气象。

　　明代建国之初崇尚俭朴，对朝会之礼不大讲究，虽然在洪武元年（1368）定了正旦朝会仪，大略如宋朝元旦朝仪。但似乎明朝朝会只是例行公事，在国家生活中没有多大影响。我们翻检明人的著述，很难看到人们对元日朝会的记述，似乎朝廷上下对元日朝会没有兴趣。人们元日匆忙上朝、退朝，而朝官私下的民间交往显得更热闹。即使在皇宫，人们看重的也不是朝仪，而是日常的节俗活动。隆庆元年（1567）正旦，皇帝在宫中祭天，不用外面的特殊安排，祭品也不用太常[1]准备。类似这样处理正旦朝仪，在明朝后期可能不是偶然。明朝是一个重农的社会，特别重视与农事相关的立春节仪，从资料上看，立春仪式替代了朝会之仪。

　　立春日进春，都城府县举春案由东阶升，跪置于

1　太常，古代朝廷掌管宗庙礼仪的官职。

丹陛中道，俯伏，兴。赞拜，乐作。四拜，兴，乐止。

文武官北向立，致辞官诣中道之东，跪奏云："新春吉

辰，礼当庆贺。"赞拜，乐作。五拜三叩头，兴，乐止。

仪礼司奏礼毕。

有一则事例特别典型地说明了明朝正旦与立春的地位差
异：正统十一年（1446），立春正逢元旦，"礼部议顺天府官进
春后，百官即诣班行贺正旦礼"（《明史·志第二十九·礼七》）。
就是说由于元旦正好在立春这天，因此立春仪式之后，顺便举
行元旦朝会之礼。

据《帝京景物略》记载，明代北京迎春的"春场"在东直
门外五里。先立春一日，京城最高首长京兆尹带领府属官吏，
或骑马，或乘轿，皆着红色礼服，头簪彩花迎春。迎春的队伍
以旗帜前导，接着依次为田家乐班、句芒神亭、春牛台及附属
县的官吏人等。迎春队伍游行的路线是由春场游至府衙，表示
将春气接到了府内。然后由京兆生员以塑好的小春牛、芒神送
入宫廷，进皇上春，进中宫春，进皇子春。仪式完毕后，"百官
朝服贺"。立春日，府县官吏都要穿上官服，祭祀句芒，各人用
彩杖鞭打春牛三下，以表示官府倡导农耕之意。

清朝元旦朝会成为朝廷例行仪式，"凡元正朝会，岁有常经"。
雍正四年（1726），定元旦宴仪。元旦早晨，王、公、百官分别

在太和门外与午门外朝服等候,殿内布置完毕后,鸿胪寺官引百官入位,理藩院引外藩王公入殿。皇帝御太和殿,奏中和韶乐,王大臣就殿内,文三品、武二品以上官就丹陛上,其他官员在青幔下,俱一叩,坐,赐茶。授茶礼仪中群臣就座次叩首两次。接着行进酒礼,大臣给皇上跪进酒,一叩,群臣皆叩。皇帝赐晋爵大臣酒,大臣两次叩谢皇恩,归座,群臣皆坐。皇帝进食,分给各筵食品、酒各一卮。然后是歌舞表演,先是蒙古乐歌进;其次,满舞大臣进,以满舞祝贺皇上新年添寿。"对舞更进,乐歌和之。"接着瓦尔喀氏舞起,蒙古乐歌伴奏。每队乐舞结束,都给皇上叩拜。杂戏演出完毕,群臣三叩,大乐奏起,鸣鞭庆祝,以韶乐结束,皇帝车驾还宫。元旦朝贺仪式结束。遇到皇帝大寿正庆或十年国庆,要"特行宴礼",宴饮后的歌舞表演更丰富,如面具舞、马舞、朝鲜俳乐,回部、金川番童陈演百戏。(《清史稿·礼七》)直到晚清,元旦朝贺仪式依然进行。"接神之后,自王公以及百官,均应入朝朝贺。"朝贺以后走访亲友。

清代春节期间的迎春仪式与明朝略同。立春前一日,顺天府尹率僚属朝服至东直门外迎春。立春日,大兴、宛平县令设供案于午门外正中,恭进皇帝、皇太后、皇后芒神、土牛及用时花插成的春山。进春的物件由府县生员抬进皇宫,然后由府尹主持鞭打春牛的仪式。(《燕京岁时记》)

帝王的正旦朝会作为国家典礼,场面宏大、壮观,是国家时间政治的重要组成部分。朝廷岁首庆贺仪式，年复一年地对君臣关系进行确立，臣下向皇帝叩拜上寿，皇帝赐臣下茶酒，显示皇恩浩荡、与民同庆。盛大的朝贺庆典对内显示国家的太平，对外彰显国威。当然春节朝会在中古社会前后也有细微变化。在隋唐以前，君臣关系相对平和，有一些君臣同庆的节日生活情趣。宋代以后，伴随着君权的强化，君臣关系相对紧张，朝会更多体现着森严的等级秩序，反复的叩拜与效忠性的万岁欢呼，表达的更多是仪式意义。朝会一结束，人们急忙忙赶回各家过自己民俗的年节。

宋元明清民间年节喜庆热闹，人们忙碌一年，就为了年底那几天的高兴。

（北宋）正月一日年节，开封府放关扑三日。

即开赌禁三天，任百姓娱乐。无论官员还是百姓从早上就开始互相庆贺。家户店面均张灯结彩，平时的娱乐场所更是车水马龙。平时难得出门的贵家妇女也打扮出门，到赌场观赌。贫户小民在年节也换上新洁的衣服，把酒相酬。(《东京梦华录》卷六)

南宋正月初一，"谓之元旦，俗呼新年"，为一岁节序之首。杭州士大夫年初三日，交相拜贺。"细民男女亦皆鲜衣，往来拜

〔清〕佚名《弘历古装行乐图》

节。"当时年节出游寺庙宫观的风气很盛，寺观整天游人不断。年节是人们聚会的良机，家庭宴会气氛热烈，"家家饮宴，笑语喧哗"（《梦粱录》卷一）。

两宋元宵街市灯火通宵达旦，歌舞百戏，杂耍表演，"奇巧百端，日新耳目"。元宵灯彩更盛于隋唐。《东京梦华录》载开封宣德楼对面作灯棚彩山：

> 彩山左右，以彩结文殊、普贤，跨狮子、白象，各于手指出水五道，其手摇动。用辘轳绞水上灯山尖高处，用木柜贮之，逐时放下，如瀑布状。又于左右门上，各以草把缚成戏龙之状，用青幕遮笼，草上密置灯烛数万盏，望之蜿蜒如双龙飞走。

灯山与宣德楼之间有两根高达数十丈的长竿，上绘灯彩，纸糊百戏人物，悬于竿上，风动宛若飞仙。元宵夜，皇帝登楼观赏灯彩与乐人表演，游人与皇帝共享佳节，成为北宋开封盛景。《桯（tīng）史》记宋宣和中元宵张灯，有夫妇在观灯中走失，妇人来到端门饮赐酒，将金杯偷藏怀中，被卫士发现，送到皇帝面前，妇女口占词一首，其中一句为："归家恐被翁姑责，窃取金杯作照凭。"皇帝听说后，一时高兴，将金杯赐给妇女，让侍者将其送回。南宋临安元宵热闹虽不及东京，亦"家家灯火，处处管弦"，民间歌舞杂艺表演得到官府的奖励与支持。据《梦粱录》记载，各种有名的舞队班社不下数十家，如清音、遏云、掉刀、鲍老、胡女、乔迎酒、焦锤架儿、仕女、杵歌、竹马儿、村田乐、神鬼等。还有苏家巷二十四家傀儡、府第中的家乐儿童等，亦"清音嘹亮，最可人听"，人们当街戏耍，竟夜无眠。

元朝官员在正旦朝会仪式以后，开始进行民间私人性质的庆贺活动，如大都城内，京官虽然已经在官府聚会，但在民间仍行"岁时庆贺之礼"。人们相互迎送往还，年酒是一定要喝的，如果设席招待，就将食品排列于桌案之上。人们拜年贺节，往返于茶坊酒肆之间，活动要延续数天，直到正月十三日，街上开始卖糖糕、黄米枣糕及辣汤、小米团等元宵节令食品。市井商贩在街头搭起草屋，卖琉璃葡萄灯、奇巧纸灯、谐谑灯以及烟火爆仗之类。元宵灯火至十六日结束。大都元宵灯火，值得一提的是"独树将军"。这棵树在丽正门（今正阳门，俗称"前门"）外，当时是定皇宫方位的方向树，被元世祖忽必烈赐封为"独树将军"。每年元旦元宵，树身悬挂诸色花灯，"高低照耀，远望火龙下降"。不过就灯火热闹情形看，元朝远逊于宋朝。元朝统治者，常常有禁止民间灯会之举。

明代正旦朝会不常举行，无论宫廷、民间都享受着节日亲情。刘若愚在《酌中志》中记述的明代宫廷的春节与民间春节大体一致：初一日为正旦节，自年前腊月二十四日祭灶之后，宫眷内臣都穿上葫芦景补子及蟒衣。各家皆蒸点心，贮存肉食，准备一二十天的食品。年三十晚上，就开始互相拜祝，名为"辞旧岁"，大吃大喝，鼓乐喧阗，以为庆贺。年节要装饰门庭，门旁植桃符板、将军炭，贴门神。屋内悬挂福神、鬼判、钟馗等年画。床上悬挂金银八宝、西番经轮，或者用黄钱编成钱龙。屋檐插芝麻秸，庭院焚柏枝，名曰"疴（ǒu）岁"。正月初一五更起来，焚香放纸炮，将门杠在院子里抛掷三回，名曰"跌千金"；饮椒柏酒，吃水点心，当时也称扁食，即饺子。在饺子里暗包一二枚银钱，吃到这只饺子的人，意味着一年好运。这天人们相互拜访、祝贺，称为"贺新年"。从岁暮到正旦，人们头上都戴"闹蛾"，蛾儿用乌金纸剪裁而成，点染上彩，也有制成草虫、蝴蝶之类，做头上的装饰，以应节景。人日，吃春饼合菜。初九开始耍灯市买灯，吃元宵。十五日张灯，内臣宫眷皆穿上灯景补子蟒衣。灯市至十六最盛，"天下繁华，咸萃于此。勋戚内眷登楼玩看，了不畏人"。（《酌中志》卷二十）

明代北京民间春节更为生动有趣。当家人元旦晨起，率妻子等拜天地、拜祖先、煮饺子、给长辈上寿。元旦出游，在路上碰到亲友，就在街上叩头。头上戴的花饰称为"闹嚷嚷"，同样是乌金纸做的飞蛾、蝴蝶、蚂蚱等，大如掌，小如钱，男女大小"各戴一枝于首中，贵人有插满头者"（沈榜《宛署杂记》

卷十七）。正月初一，北京人上东岳庙烧香。初一至初三到白塔寺绕塔。初十至十六东华门外灯市繁华，"是时四方商贾辐辏，技艺毕陈，珠石奇巧，罗绮毕具，一切夷夏古今异物毕至。观者冠盖相属，男妇交错"。观灯的时间集中在三天，十四曰试灯，十五曰正灯，十六曰罢灯。元宵节期间，正阳门、宣武门、崇文门夜晚均不关门，"任民往来"。正月十六妇女结伴夜游，传说这样就会祛除腰腿疾病，名曰"走桥"。到城门之处，暗中举手摸城门钉，摸中者，就意味着得到男丁的吉兆，名曰"摸钉儿"。城内小儿在正月十六玩打鬼游戏，一人腰中系绳扮鬼，众小儿共牵一绳，轮流突袭该鬼，游戏的要点是击鬼而避免为鬼所执，一旦被鬼抓住，该人就要替代做鬼。该游戏有锻炼小儿体能与反应能力的功用。京郊乡村人在十一日至十六日，用秫秆布置灯阵，人们进入，稍不小心就会迷路，称为"黄河九曲灯"。十三日，各家用小盏一百零八枚，夜晚点亮后，遍置井、灶、门、户、砧石之间，称为"散灯"。

清代贺年拜年之俗沿袭明朝，清晨，士民之家，着新衣冠、肃佩带、祭神祀祖、焚烧纸钱、阖家团拜后，出门拜年贺节。有的"具柬贺节"，就是在红纸片上写上恭贺新年等词以及自己的姓名，在初三以前送给亲戚朋友。有的登门揖拜，朋友之间在门口互相拜贺，亲戚挚友则拿出春酒、年糕等共贺新春。大户人家之间，则带二三随从，路远就坐轿或乘马，正月十五前

〔明〕朱邦《明代宫城图》

相互拜年。即使路上亲友相遇，也要下车长揖，口诵"新禧纳福"。北京拜年贺节的节日食品十分讲究：

> 镂花绘果为茶，十锦火锅供馔。汤点则鹅油方补，猪肉馒首，江米糕，黄黍饦（tuō）；酒肴则腌鸡腊肉，糟鹜风鱼，野鸡爪，鹿兔脯；果品则松榛莲庆，桃杏瓜仁，栗枣枝圆，楂糕耿饼，青枝葡萄，白子岗榴，秋波梨，苹婆果，狮柑凤橘，橙片杨梅。杂以海错山珍，家肴市点。

即使不是近亲密友，也要举酒三杯。当时俗话说："新正拜节，走千家，不如坐一家。"（潘荣陛《帝京岁时纪胜》）晚清元旦官方朝贺之后，民间拜年庆祝活动迅速展开。

> 朝贺已毕，走谒亲友，谓之道新喜。亲者登堂，疏者投刺而已。貂裘蟒服，道路纷驰，真有车如流水马如游龙之盛，诚太平之景象也。（《燕京岁时记》）

是日，无论贫富贵贱，皆以白面作角而食之，谓之"煮饽饽"，举国皆然，无不同也。富贵之家，暗以金银小锞（kè）及宝石等藏之饽饽中，以卜顺利。家人食得者，则意味着终岁大吉。

作为岁首的春节，在传统社会是官民共享的第一大节。官方每到岁首举行盛大朝会，以隆重的朝仪显示帝国的威严与统驭力，同时也借观看节日灯火与欣赏杂艺表演之机，表露出与民同乐的姿态，以和谐社会。民间年节是历时一月的节日过程，特别重视除夕、新年与元宵，与官方朝会对应的是家庭与社会的贺岁礼仪。热烈祥和的贺岁礼仪，不仅稳固了家庭伦理关系，增进了家人的亲情，同时也使人们的社会关系得到调整与再造。

近代春节——变化与传承

1911年，辛亥革命推翻清朝、建立民国之后，中国社会发生了重大变化，表现在节日方面是官方节日与民间传统节日出现分离，春节在公共社会中的地位时常发生变化，当然民间社会仍一如既往地享受着自己的传统节日。

1912年1月1日，孙中山在南京就任临时大总统后，正式通电各省：

> 中华民国改用阳历，以黄帝纪元四千六百零九年十一月十三日为中华民国元年元旦。

孙中山引进西洋历法，改变传统的正朔，以公历为标准纪年，将1912年1月1日定为民国元年元旦。民国元年（1912）1月13日，孙中山发布《临时大总统关于颁布历书令》，令内务部编印新历书。内务部编撰的这部《中华民国元年新历书》，与旧历书相比，其特点有三：一是新旧二历并存；二是新历下附星期，旧历下附节气；三是旧历书上的吉凶神宿一律删除。袁世凯被选为临时大总统后，继续推行新历，2月17日发布公告：

> 应自壬子年正月初一日起，所有内外文武官行用公文，一律改用阳历，署中华民国元年二月十八日，即壬子年正月初一日字样。

这样在中国就出现了两种历法体系，一种是官方推行的西洋阳历体系，作为公共行政、执法、国际交往的时间标准；一种是传统社会的阴阳合历体系，人们习惯沿用，服务于农时与日常社会生活。在民国初年，政府虽然强力推行新的历法，但也考虑到民众生活的需要，采取了调和折中的方式。

1914年1月，北京政府内务部在致袁世凯的呈文中提出：

> 拟请定阴历（农历）元旦为春节，端午为夏节，

中秋为秋节，冬至为冬节。凡我国民均得休息，在公人员亦准给假一日。

袁世凯批准了该呈文。由此，传统农历新年岁首在官方意义上正式被易名为"春节"，传统的元旦、新年名称被安置在公历1月1日的头上。而一般百姓并不理会公历元旦，仍将农历正月初

民国年间的日历

一称为新年。1919年2月1日是农历新年，山西太原乡绅刘大鹏在他的《退想斋日记》中写道：

> 五更各庙鸣钟，惊醒世人早起迎神，里中放炮接连不断，此其新年也。上年十一月三十日所过阳历之新年，百姓皆不以为然，惟官厅庆贺，民皆睨而视之，且谓是彼等之年，非吾之新年耳，民情大可见矣。

这样，由于政治变革的原因，在近代中国社会出现了两个

新年，一是"民国新年"公历元旦，一是"国民新年"农历春节。公历元旦新起，没有任何民俗内涵，农历春节却有两千年以上的历史，民俗事象丰富。农历岁首，本来就建在孟春正月，它很早就与立春节气（这是最符合自然时序的春节）有着密切的配合，我们看汉朝以来迎接新年的节俗中，很多都包含着迎接新春的意义。所以民国时期直接将农历岁首称为春节，符合传统节日的内在性质，人们易于接受；而且一般百姓照例称其为新年或大年。

但激进的民国政府曾一度不满足于二元历法结构的存在，试图全部统一使用公历，将传统节日习俗全部搬到新的历法系统中，过公历元旦，不过农历新年。据民国时期档案资料记载，1928年5月7日内政部呈国民政府"对于国历，除官厅照例表示遵行外，一般社会，几不知国历为何事"，决定"实行废除旧历，普用国历"，原因是："考社会日常状况，十余年来，依然沿用旧历，罔知改正，除军政各机关及学校，表面上尚能遵用外，在商店清理账目则仍循旧节，在工业支付劳资，则率依旧岁，至一般民众之赛会、休沐，益复寻朔计望，蒙昧如故，于一国行政制度之下，百度维新之际，而政令与社会现状，如此悬殊，若不根本改革，早正新元，非惟贻笑列邦，抵牾国体，核与吾人革命之旨，亦属极端背驰。"因此"拟办法八条，冀从根本上谋彻底之改造"。其中，第二条办法是严禁私售旧历、新旧历对照表、月份牌及附印旧历之皂神画片等，理由是实行国历，必先严禁私售旧历始，至各省区民间习用之皂历，在城乡效力最大，尤应通令各省区市力加禁止。第三条办法是严令京内外各机关、各学校、各团体，除国历规定者外，对于旧历节令，一律不准循俗放假，理由是各机关、各学校、各团体之表面上尚遵用国历者固属不少，而实际上阳奉阴违依然放假度旧历节岁者亦所在多有，宜从严禁止，以免淆乱民众之观听。第四条办法是通令各省区市妥定章则。公告民众，将一切旧历年节之娱乐、赛会及习俗上点缀品、销售品一律加以指导改良，按照国历日期举行。原因在于民间不克实行国历之原因，多半为旧历上习俗所囿，非将旧岁旧节之一切正当习惯择其无背良善风化、不涉迷信者一律妥定章则，提倡导引，俾均移照国历日期举行，不足以谋根本之改造，例如旧历年节元旦日应有之各样点缀品及正月间一切热闹娱乐举动，可移至国历新年一月内举行。

效果并不理想。

1930年，政府重申移置废历新年休假日期及各种礼仪点缀娱乐等于国历新年：（一）凡各地人民应将废历新年放假日数及废历新年前后所沿用之各种礼仪娱乐点缀，如贺年、团拜、祀祖、春宴、观灯、扎彩、贴春联等一律移置国历新年前后举行；（二）由党政机关积极施行，并先期布告人民一体遵照办理，废

历新年不许放假，亦不得假借其他名义放假。（以上均见《中华民国史档案资料汇编》第五辑）

民国政府取缔农历后，一度雷厉风行。据时人记述，春节期间派警察找到关门停业的商店，强迫其开门营业，并将元宝茶及供祀的果品，叱责捣毁，有的还要处以罚金，"甚至乡间售卖历本的小贩，亦一并捉去拘役。一时间人心惶惶，将一个欢天喜地的新年，弄出啼笑皆非之状"。不过这种做法，一两年后即消失，人们照旧过自己的春节，当局也无可奈何。（文载道《风土小记·千家笑语话更新》）

1934年初，南京国民政府停止了强制废除农历，不得不承认"对于旧历年关，除公务机关，民间习俗不宜过于干涉"。民间又可名正言顺地过农历春节了。

民国期间春节习俗与明清相比，唯一的大变化是，延续千年的官方的朝会消失了，民国政府机关在公历元旦举行民国纪念日与新年庆祝活动。从民间习俗看较少变化，年节依然从腊八开始到正月十五，甚至二月二结束。兹以南北两地为例，可见一斑。

北京通县，元旦（农历春节），设香烛、果饼，拜天地，祭祖先，乡里往还叩拜，庆贺新年。正月十五元宵节，备元宵祭神，燃灯花祭祖。（中华民国《通县志要》）

南京，正月新年习俗如旧，"正月元旦至初五日，此数日中，每饭必祀祖。亲戚友朋，互相贺年。虽民国改用阳历，十年以来，习俗未尝移改。"（胡朴安《中华全国风俗志》下编）

春节习俗深描

春节是迄今为止流传历史最久、流传地域最广、过节人数最多的中国节日。它是名副其实的中华民族第一大节，也是具有世界影响的重大节日。春节处在年度周期与四季循环的新旧交替时间关口，其节俗丰富、生动，充满了人性伦理之美、情感之美、艺术与智慧之美。让我们循着过年的脚步，依照年节顺序，渐次展开年俗的长卷。

忙年

春节，俗称大年，是中国人最隆重的节日。为了过一个好年，人们一年都在准备。当然，腊月才进入忙年的阶段。腊月在古代是举行腊祭的月份，它是具有宗教意义的神性之月，一系列的祭祀活动都在腊月展开。近代社会神灵信仰淡化，但其年俗祭祀传统依然得到传承。当然人们更关注年节物质生活与精神生活所需要的准备。忙年，更主要是忙年节室内环境卫生与装饰，忙办年节食品，忙购回家礼品等，年节因为人们准备过年的忙碌而生机勃勃。

腊日与"报信儿的腊八粥"

农历十二月初八名为腊八节。腊八节是年节的前奏曲。华北歌谣唱得好：

老婆老婆你莫馋，过了腊八就是年。

腊八过了就意味着进入年节阶段。腊八这天人们要吃应节令的腊八粥，腊八粥因此又有"报信儿的腊八粥"之说。报的啥信儿，报年到了的信儿。为什么选择腊八作为年节的起点，腊八粥怎么又成了腊八的节令食品，细究起来，这里面可是大有文章。

·腊日祭祀

腊八节的前身是腊日，腊日在上古时代是最重要的年终祭祀日。在神灵信仰盛行的上古社会，人们认为人类能生存来源于自然神灵的恩赐，因此在年度周期更替之际，要举行盛大的神灵祭祀仪式。先民们在一年四季中都有不同的季节神灵祭祀活动，而在年终要举行总结性的祭祀，总结性的大型祭祀就定在腊日，也就是岁末的几天举行。人们在腊日这天陈上祭品，祭祀上天与自然万物之神，同时也要祭祀祖先。腊日在上古相当于后来的大年。

在汉代，腊日是与正旦齐名的盛大节日，汉人常以"正腊"并称。古代腊节的声势甚至超过新正。腊节起源于上古的岁终大祭，它是蜡、腊两种祭祀古仪的融合。蜡祭是上古年终的诸神的总祭，《礼记·郊特牲》称：

> 天子大蜡八，伊耆氏始为蜡。蜡也者，索也，岁十二月合聚万物而索飨之也。

蜡祭祝词为：

> 土反其宅，水归其壑，昆虫勿作，丰年若土，岁取千百。（蔡邕《独断》）

人们在岁末期待着来年自然万物的秩序与农事的丰收。据《风俗通义》记载，这岁终祭礼在三代有不同的名称：

> 夏曰嘉平，殷曰清祀，周曰大蜡。

夏商的情形因为材料缺乏，难以知晓。周代因为有先秦礼书的记载，我们得以感受到蜡祭的盛况，伴随着盛大的蜡祭仪式的是民众的娱乐狂欢。《周礼·春官》：

古画中的子贡（图中右侧冠者）形象
〔元〕赵孟頫《瓮牖图（局部）》

　　国祭蜡，则吹豳颂，击土鼓，以息老物。

　　子贡观蜡，说："一国之人皆若狂。"（《礼记·杂记下》）腊是周朝后期开始的年终祭祀宗族祖先、门户居室的专祭，以猎获的禽兽为祭品。腊祭之礼是一年中隆重的神灵献祭仪式之一，它与春社一道构成年度祭祀周期。腊祭是祭祀周期的终点，也是重点，因为它有着催生新的时间的特殊意义。在上古三代，腊祭有着原始的宗教典礼的意味，《月令》中有"（孟冬）是月也，天子乃祈来年于天宗，大割牲祠于公社及门闾，腊先祖五祀，劳农休息之"。蜡、腊在古代略有不同，应该说，先有蜡，后有腊。战国时期以"腊"统称蜡、腊二祭。

　　据《史记·秦本纪》，秦惠文王"十二年（前326），初腊"。

秦国也承继着中原的腊祭。秦始皇三十一年（前216）十二月，始皇为求仙术，"更名腊曰'嘉平'"，用恢复夏代腊祭的名号，来求取长生之术。汉代仍以腊名，"汉改为腊。腊者，猎也，言田猎取兽，以祭祀先祖也"。（《风俗通义·祀典》）周朝重视的"腊先祖五祀"的腊祭内容，在汉代礼教政治的背景下，重新受到社会上下的重视，并且将其融入逐渐形成的岁时节日体系。腊日在汉代民众生活中有着特殊的地位，"岁时伏腊""膢（lú）腊社伏""正腊"等说明腊日是汉代重要的民俗节日。

无论是严肃的祭祀，还是纵情狂欢，其根本的意图在于对旧岁神佑的报偿与对来年丰收的祈求。后世的腊日正传承着这新故交接的人文意义。

腊祭在汉代仍是"岁终大祭"，但其宗教性的时祭意义大为削弱，已不像上古三代那样作为朝廷大礼，它主要是被作为一个民俗节日进行祭祀庆祝。因此腊日不再是一个盛大的时间仪礼过程，它有相对固定的时间点。汉代以冬至作为确定腊日的时间基点，并根据其行运的衰日，选定冬至后的一个戌日为腊日。《魏台访议》：

> 王者各以其行盛日为祖，衰日为腊，汉火德，火衰于戌，故以戌日为腊。

在西汉前期，腊日在冬至后第几个戌日，尚不确定。汉武帝《太初历》颁行之后，确定冬至后的三戌为腊日（闰岁为第四戌），所以《说文》曰：

腊，冬至后三戌腊祭百神。

出土的几件汉简历谱也证明了《说文》的记载的准确。地节元年（前69）历谱记载的腊日在冬至后的第四个戌日，当时的冬至日在十一月九日癸酉，腊日在十二月十七日庚戌，这年是闰岁；永光五年（前39）历谱所记腊日正好在冬至后的第三个戌日，"十一月辛丑朔小，十日庚戌冬至。十二月庚午朔大，十七日丙戌腊"。晋朝承魏以丑日为腊，腊节时间也以十二月二十日为腊日。可见腊日约在冬至后第三十七天，在大寒与立春两个节气之间。腊祭、腊日的原始意义在于驱除寒气，扶助生民，"大寒至，常恐阴胜，故以戌日腊。戌者温气也"。(《风俗通义》卷八）汉朝人仍然持有对腊节的原始宗教意义的理解。

汉代腊日相当于后世的大年三十，虽然它与正月元旦之间没有年三十与初一那样在时间上前后相接，但腊正之间在送旧迎新性质上紧密相连。《史记·天官书》记述了西汉时腊节的情形：

腊明日,人众卒岁,一会饮食,发阳气,故曰初岁。

东汉时腊日依旧是庆祝日,"岁终大祭,纵吏民宴饮"(蔡邕《独断》卷下)。人们在腊日期间休息、团聚。郑玄十二岁,随母回家,"正腊宴会,同列十数人",场面热闹(《艺文类聚》卷五);严延年任官洛阳,其母从东海来,"欲从延年腊",过完腊日正日,才回东海。第五伦就没有严延年那样的天伦之乐,其母因年老不能到官署,第五伦"至腊日常悲恋垂涕"。[1]

腊日是欢聚的节日,即使是囚徒也有被假释回家过节的,以显示当朝的清明与宽大。虞延任淄阳令时,"每至岁时伏腊,辄休遣囚各归家"(《陈留耆旧传》)。这样的做法为后世仿效,晋人王长文在做江源县令时,遇到腊节,就将狱中犯人放回家,并说:

蜡节庆祚(zuò),归就汝上下,善相欢乐,过节还来。

腊祭依然是腊日的主要节俗。在礼教的影响下,汉朝平民的腊祭突出宗族伦理的内容,祭祀先祖,团聚宗族。《列女传》

---

1 郑玄,字康成,东汉末儒家学者,经学家。严延年,字次卿,西汉酷吏。第五伦,字伯鱼,东汉大臣。

记述了一位寡母"腊日休家作",在自家的"岁祀礼事"结束后,又赶到娘家,因为娘家人"多幼稚,岁时礼不备",她回家的目的是要帮助家人行祭祀祖先之礼。可见腊日祭祀是当时家庭普遍必需的节俗项目。即使是穷人家,腊日亦要设法祭祀先人。东汉就发生过为腊日祭祀祖先而偷窃食品的事件:

腊日,奴窃食祭其先人。(《艺文类聚》卷五)

腊日祭品,在先秦以田猎所得禽兽充祭,秦汉祭以猪、羊。羊豕之祭在周代是士人之礼,秦汉以后为一般庶民所用。其中腊日用羊成为汉代腊祭的特色,这大概与先秦告朔用羊有关,在孔子看来,羊是告朔之礼所必需的祭品。汉代腊日用羊,则是一种习惯,源于古代社会的求吉心理。西汉民间"岁时伏腊,烹羊炰(páo)盖"。《说文》:"羊,祥也。"羊、阳音同,羊代表阴阳之阳,也是吉祥之祥。东汉建武年间(25—56),每到腊日皇帝就下诏赐羊给各位博士,有一位名为甄宇的博士为了解决分羊时大小肥瘦的矛盾,主动择取瘦羊,被称誉为"瘦羊甄博士"。

腊日除团聚庆祝外,还有一个重要节俗就是送寒逐疫。腊月处在年度周期新旧更替的时段上。

〔南宋〕陈居中《四羊图》

　　是月也，日穷于次，月穷于纪，星回于天，数将

几终，岁且更始。(《月令》)

　　日月星辰轮转一周，到了终点，也回到了起点，在卦历

上，属于艮卦，"终万物、始万物者，莫盛于艮"(《周易·说卦

第十》)。这里的星有人说是"昏参中"，也有人说是大火旦中，

从古人的以大火定季节的习俗看，大火旦中说较为可信。《左

传·昭公三年》："火中寒暑乃退。"注文说："心以季夏昏中而暑退，季冬旦中¹而寒退。"大火旦中预示寒气将退，腊日的选择大概就参考了这一星象。因腊日与大火的关系，人们对火神及火神在人间的化身灶神自然产生崇拜，因此腊日祀灶也在情理之中。季夏、季冬祀灶的习俗在中国古代有着对应的关系，这与大火的季节出现有关。先秦"灶神，常祀在夏"，随着人们阴阳观念的变化，秦汉时期作为夏季"常祀"的祀灶祭仪逐渐集中到季冬时节的腊日。"寒退"是腊日的自然气候，腊日深层的意旨就是人与天应促成寒气的及时退隐，以利阳气的上升。因此东汉蔡邕在《月令章句》中说：

> 日行北方一宿，北方大阴，恐为所抑，故命有司大傩，所以扶阳抑阴也。

自先秦以来就有的岁末驱傩仪式在东汉仍旧盛行，并产生了新的传说来佐证岁末驱傩的必要：传说帝颛顼有三子，生而亡去为鬼，一居江水，为瘟鬼；一居若水，为魍魉；一居人宫室枢隅处，喜好惊吓小儿。颛顼在月令时代是主管冬季的天帝，汉时却演变为恶鬼之父，颛顼神格的变化表明了民众对天道信

1　季冬，冬季的最末一个月。旦中，晨时某颗星在上中天。

仰态度的变化，天如人界有善有恶，人们亦可根据自己的力量来驱除、抑制邪恶，因此"命方相氏，黄金四目，蒙以熊皮，玄衣朱裳，执戈扬盾，常以岁竟十二月从百隶及童儿而时傩以索宫中，驱疫鬼也"（蔡邕《独断》卷上）。驱疫的法器有桃弧棘矢、土鼓等，"鼓且射之，以赤丸、五谷播洒之，以除疾殃"。驱傩的仪式一般在腊日前一夜举行，将房屋内的疫鬼驱除后，在门上画上神荼（shū）、郁垒（lǜ）二神像，并在门户上悬挂捉鬼的苇索，以保证家居的安全。汉朝另一则防卫巫术，是岁暮腊日在住宅四隅埋上圆石及七枚桃弧，这样"则无鬼疫"。

鼓，是腊前驱傩与腊日庆祝中的特殊法器。汉魏岁时节日中主要在社腊两日用鼓，社腊二祭是原始宗教祭祀年度周期的盛衰之祭，社鼓、腊鼓作为冬春的神鼓，在民众心目中的确有撼天动地的神威。如前所述，鼓是对雷声的模拟，"鼓以动众"，"鼓鸣则起"，是汉朝人对鼓乐音声的认识（《独断》），腊月音律上属大吕，阳在下阴在上，阳气受限，因此以鼓动之。腊鼓驱赶阴冷，召唤阳春。《周礼·春官》：

国祭蜡，则吹豳颂，击土鼓，以息老物。

时值冬末，阴气已成暮气，暮气不除，有害人生，因此以震天的腊鼓，感动天地，鼓舞人心。在东北的夫余，以腊月祭天，

古画中的鼓
〔五代十国〕顾闳中《韩熙载夜宴图（局部）》

"大会连日，饮食歌舞，名曰'迎鼓'。"（《后汉书》卷八五）腊
节因鼓乐的突出，径名为"迎鼓"。三韩[1]同样重视腊日，据谢承
《后汉书·东夷列传》记载，"三韩俗以腊日，家家祭祀，俗云：
腊鼓鸣，春草生。"可见鼓在腊日逐除中除旧迎新的威力。

—————————

1　三韩，古代朝鲜半岛南部的三个小部落，分别是马韩、辰韩、弁韩，约
　　存在于公元前2世纪末至公元4世纪。

东汉人蔡邕说：腊，"但送不迎"，其实腊还有"接"的意义。应劭在《风俗通义·祀典》中记载了汉人的这一观念：

> 或曰：腊者，接也，新故交接，故大祭以报功也。

腊之明日为初岁，腊是新旧时间转换的祭礼。晋人说：秦汉以来有贺，"初岁"是古之遗语。裴秀《大蜡》诗称"玄象改次，庶众更新"。在古代宗教年度周期中，腊祭的次日是新岁之始，"初岁"之说，正是古年俗的遗留。自从以夏历正旦为岁首之后，腊日就成为与夏历年首协调配合的岁末节日，因此，腊与新年之间存在着一段时间距离。这样腊明日在秦汉之时也就成为"初岁"或"小新岁"。传统的时间观中有着较强的更新意识，人们以流动的变化的观念对待时间的流转，旧的时间中蕴藏着新时间的发生，旧未去，新已到。腊日正处在新旧更替的交接点上，因此尽力地逐除，是为了新春的到来，驱疫逐邪活动的本身就是在为阳春的到来开辟道路，"岁终事毕，驱逐疫鬼，因以送陈、迎新、内（纳）吉也"（《论衡·解除》）。送旧迎新纳吉正是腊日盛大热烈庆祝活动的动力所在。

· 腊八粥

后世关于腊日只有片段记忆，南朝时腊日已经固定在十二月八日。《荆楚岁时记》明确说：

十二月八日为腊日。

村人并击细腰鼓，戴着胡人面具，扮作金刚力士模样驱邪逐疫。隋唐以后，灶神祭祀与驱傩活动与腊日分离，移到了岁末小年以后。腊八兴起了一个新的节俗——吃腊八粥。

关于腊八粥的来历有种种传说，影响最大的是纪念佛祖成道的传说。传说佛祖释迦牟尼为了探寻解脱人生痛苦的方法，舍弃王位，分别眷属，苦行修炼六年，每日仅食一麻一米，初无收获，疲惫到了极点。幸得一位牧羊女路过，将乳糜（奶粥，一说将随身所带的杂米与泉水调煮成粥）给他食用。释迦牟尼吃完粥，恢复了体力。他洗去尘垢，渡过尼连禅河，在一棵菩提树下静坐修行，终于大彻大悟，得道成佛。成佛这天就是十二月初八。为了纪念佛祖成道以及牧羊女献粥之恩，腊八日佛门弟子在佛教寺庙熬煮腊八粥，供奉佛祖，然后将粥施供十方，随喜众生。因此腊八粥又名为"佛粥"。

腊八食粥当然并不仅是受佛教影响，中国古代有冬至以赤豆粥祭神的习俗。腊八在冬至之后，将冬至粥移为腊八粥十分自然，就如将夏至粽子移到端午节一样。由佛教传说与佛门腊八施粥情况看，十二月八日正好与佛祖成道日合一，这样腊八节俗就多了一份人文宗教的节俗要素，跟以前的原始腊祭有了一定的区别，构成了后世腊八驱邪与纪念佛祖成道的双重意义。

民间另一则关于腊八粥起源的传说，则体现了民众勤劳节俭的观念。

传说早些年，有一个四口之家，老两口和两个儿子。老两口非常勤快，一年到头干着地里的活，忙着奔日子，家里存的粮食是大囤满小囤流，他们家院里还有棵枣树，老两口精心培育，结出的枣又脆又甜，拿到集上去卖，能卖不少银钱，小日子过得挺富裕。老两口紧紧巴巴地奔日子，就为了给儿子娶个媳妇。眼看儿子一天天到了该娶媳妇的岁数，老父亲临死的时候嘱咐：哥俩好好种庄稼。老母亲临死的时候嘱咐：哥俩好好照养院里的枣树，攒钱存粮留着娶媳妇。父母去世后，光剩下哥俩过日子了，哥哥看到满坑满谷的粮食，就对弟弟说："咱们有这么多的粮食，够了，今年歇一年吧！"弟弟说："今年这枣树也不当紧了，反正咱们也不缺枣吃。"就这样，哥俩越来越懒，越来越馋，尽知道一年年吃喝玩乐，没有几年就把粮食吃完了。院里的枣树结的枣子也是一年不如一年。这年到了腊月初八，家里实在没有什么可吃的了，怎么办呢，哥哥找了一把小扫帚，弟弟拿来了一个小簸箕，到先前盛粮食的大囤底、小囤底扫啊扫啊！从这里扫来一把黄米粒，从那里扫出来一把红豆，就这样，五谷杂粮各凑几把，数量不多，样数可不少，最后又搜出几枚干红枣，放在锅里一起煮了起来。煮好了，哥俩吃着这五谷杂粮凑合起来的粥，两双眼对望，才记起父母临死前说的话，后悔极了。

哥俩尝到了懒的苦头，第二年就都勤快了起来，像他们的父母一样，不几年又过上了好日子，娶了媳妇有了孩子。为了记起懒惰的教训，千万别忘了勤快节俭地过日子，从那以后，每逢农历腊月初八这一天，人们就吃五谷杂粮混在一起煮成的粥，因为这一天正是腊月初八，所以人们都叫它"腊八粥"。（张淑芳讲述，任玲记录）

还有传说，朱元璋出来当皇帝之前，将乞讨来的各色米豆等，合煮一锅粥食用，后来人们认为这样的杂拌粥能带来好运，因此大家都在腊八吃这种米粥。

腊八粥作为节令食品最早出现的时代很难确考，但从文献记载看，隋唐文献中找不到有关腊八粥的记载，宋朝之后却屡

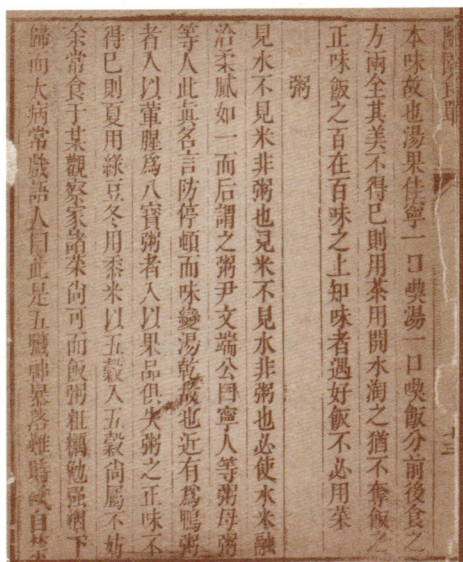

見水不見米非粥也見米不見水非粥也必使水米融
洽柔膩如一而后謂之粥尹文端公曰寧人等粥母粥
等人此真名言防停頓而味變湯乾故也近有為鴨粥
者入以葷腥爲八寶粥者入以果品供火粥之正味不
得已則夏用綠豆冬用黍米以五穀入五穀尚屬不妨
余常食于其觀察家諸菜尚可而飯粥粗糲勉強咽下
佛而大病常戲語人曰此是五臟神暴落難時也自是

粥

本味故也湯果佳寧一口嚐湯一口嚐飯分前後食之
方兩全其美不得已則用茶用開水淘之猶不奪飯之
正味飯之百在百味之上知味者遇好飯不必用菜

古代老饕对粥的要求颇高
〔清〕袁枚《随园食单》乾隆五十七年小仓山房刊本书影

见于史籍，可见腊八粥至少在宋朝已经十分流行。《东京梦华录》
说北宋开封府十二月初八日，"诸大寺作浴佛会，并送七宝五味
粥与门徒，谓之'腊八粥'。都人是日各家亦以果子杂料煮粥而
食也"（卷十）。北宋寺院、民间都有腊八食粥的习惯。南宋临
安，寺院称十二月八日为"腊八"，寺院制作的五味粥，名为"腊
八粥"（《梦粱录》卷六）。元朝人仍将腊八视为佛家的节日，"是
月八日，禅家谓之腊八日。煮红糟粥，以供佛饭僧"。看来佛教
在宋元以来对传统节日产生了相当的影响。元大都的官员、百

姓腊八同样吃红色的腊八粥，名为"朱砂粥"。(《析津志·岁纪》)
明清时期腊八节无论寺院、宫廷、民间都吃腊八粥。吃腊八粥
的时间是在腊八的早上，《帝京景物略》记载明代北京"是日，
家效庵寺，豆果杂米为粥，供而朝食"。清代北京腊八日在雍和
宫施粥。北京雍和宫是清代皇家寺庙，内有两口大锅，据说每
口锅可熬二三十石米。雍正皇帝曾经派人在雍和宫用大锅煮腊
八粥，每年十二月初五、初六开煮，初八日进粥内廷，分送各
王公大臣品尝。清代李福有一首《腊八粥》诗，表现了腊八僧
寺舍粥、饥民潮涌的场面：

腊月八日粥，传自梵王国。

七宝美调和，五味香糁入。

用以供伊蒲，藉以作功德。

僧尼多好事，踵事增华饰。

此风未汰除，歉岁尚沿袭。

今晨或馈遗，啜之不能食。

吾家住城南，饥民两寺集。

男女叫号喧，老少街衢塞。

失足命须臾，当风肤迸裂。

怯者蒙面走，一路吞声泣。

问尔泣何为，答言我无得。

在饥民众多的年代，腊八的施舍真应了"僧多粥少"的俗谚。当知天下苍生，靠的不是一朝一餐的饮食救济，还冀求着长久的衣食保障。

腊八粥作为传统的节令食品，有特定的配方与烹制方法。《武林旧事》记载了宋代杭州腊八粥的配方，寺院、人家都用胡桃、松子、乳蕈（xùn）、柿、栗等烹制腊八粥。腊八粥的原料为米与果品，掺入的果品越多越好。明朝宫中腊八粥的烹制方法是，在腊八前数日，将红枣捶破泡汤，到腊八早上，加入粳（jīng）米、白果、核桃仁、栗子、菱米煮粥。（刘若愚《酌中志》卷二十）民间虽然没有宫中讲究，但同样"杂五谷米并诸果，煮为粥，相馈遗"（《宛署杂记》卷十七）。清代北京家家煮腊八粥，烹制方法与明朝类似，用黄米、白米、江米、小米、菱角米、栗子、红豇豆、去皮的枣泥等，合水煮熟，再用染红桃仁、杏仁、瓜子、花生、榛子、松子，以及白糖、红糖、葡萄等，以增色提味。这些腊八粥的食料其实都有民俗寓意，桂圆象征富贵团圆，百合象征百事和睦，红枣、花生比喻早生贵子，莲子心象征恩爱连心，核桃表示和和美美，橘脯、栗子象征大吉大利，等等。人们以此期盼未来生活的美好。

当代民间还有腊八肉粥。湖北英山人做的腊八粥，原料除了糯米、红豆外，还要放进切成片状的猪肉一起熬煮，这种肉粥有特别的风味。在青海东部的人们腊八也吃这种肉粥。来自青海的白媛同学这样回忆道："到了腊八节，家家户户都要忙着熬腊八粥，记得家乡的粥很特别，使用麦仁和碎肉熬在一起，加上盐、姜皮、花椒、草果等作料，经过一夜的文火煮熬，肉、麦、作料皆已成黏稠状，香味扑鼻。那种美妙的香稠一直是我儿时年前美美的期待。"

人们在腊月七日，开始剥果涤器，夜晚熬煮，天明时腊八粥就煮好了。河北固安人食用腊八粥必定在五更前，俗传吃粥早，来年五谷的收成也会早。民国时期，当地民谣说：

谁家烟囱先冒烟，谁家高粱先红尖。

腊八粥作为节令食品，首先是供佛与祭祀祖先，然后祀门户窗口、井灶、园林，最后举家吃粥，并在亲邻间相互馈送。在河北遵化人们用腊八粥涂果树，说这样果树就会多结果；有的还和妇女开玩笑，在妇人背上涂抹腊八粥，"以祝生子"（光绪《遵化通志》）。陕西洋县等地也有用腊八粥喂果树以祈丰茂的习俗。用腊八粥祭祀生活设施与果树，显然是上古蜡祭百神的遗风。

· 腊八蒜与腊八藏冰
北方民间还有泡腊八蒜的习俗。腊八泡蒜，大年享用。民间有一个说法：

腊八粥、腊八蒜，放账的送信儿，欠债的还钱。

　　因为"蒜"和"算"谐音，进入腊月，年关将至，一年的债务也该清算了。但是债主又不好意思直接到人家里讨债，于是债主会送给欠债人一坛腊八蒜。欠债的收到了腊八蒜自然心照不宣，知道有人要来讨账了，腊八蒜成为经济民俗的符号，当然这只是民间的说法。

　　腊八蒜，酿制材料非常简单，就是米醋加大蒜瓣儿。腊八日这天，将剥了皮的蒜瓣儿放到一个装满醋的坛子里，封口，然后放到一个较冷的地方。经过醋的浸泡以后，蒜的辣味儿去掉了许多，也会变得嫩脆，而泡过的醋则会有蒜香，"醋味甚美"，名"腊八醋"。泡在醋中的蒜还会变绿，泡得好的最后会变得通体碧绿，如同翡翠。腊八蒜有没有做成功，主要依据就是蒜瓣是否变绿。这种腊八蒜，有御寒祛病之功效，还可预防感冒。

　　腊八蒜主要是为除夕晚上的饺子而准备的。腊八泡上，按一般腊月的气温，年三十正好可吃。现在因为家里有暖气，室内温度高，过不了几天就泡好了。但是人们还是习惯直到除夕晚上才开封，就着香喷喷、热腾腾的饺子，别有一番滋味。

　　过去，腊八还是藏冰的日子。藏冰是古代特有的习俗。明朝北京藏冰，在腊八前人们用铁锥将冰打成长二尺、宽尺许见方的冰块，腊八日"收冰入窖"，然后将冰窖封固。清代北京三九天，各处修窖藏冰，现在北京还有地名叫冰窖口胡同，就是过去藏冰的地方。旧俗传闻：临近冻冰时，各冰窖主人为了加厚冰层，贿赂昆明湖管水人提闸放水，代价是一个五十二两重的元宝。（《春明采风志》）苏州商人腊月藏冰，来年六月出卖，为鱼类保鲜之用。每年在最严寒时蓄水制冰，贮于冰窨（yìn）。尤倬《冰窨歌》云：

> 我闻古之凌阴备祭祀，今何为者惟谋利。君不见
> 葑溪门外二十四，年年特为海鲜置。潭深如井屋高山，
> 潴（zhū）水四面环冰田。孟冬寒至水生骨，一片玻璃
> 照澄月。窨户重裘气扬扬，指挥打冰众如狂。穷人爱
> 钱不惜命，赤脚踏冰寒割胫。捶春撞击声殷空，势如
> 敲碎冯夷宫。冰砰倏惊倒崖谷，淙琤旋疑响琼玉。千
> 筐万筥（jǔ）纷周遭，须臾堆作冰山高。堆成冰山心始
> 快，来岁鲜多十倍卖。海鲜不发可奈何，街头六月凉
> 冰多。（顾禄《清嘉录》卷六）

今天的腊八日，人们虽然不再藏冰，但依然要吃腊八粥，无论是佛门还是俗家，腊八粥是一道少不了的节令风味食品。

二十三，祭灶王

腊八过了是小年，小年在北方是腊月二十三，南方是腊月二十四。如果说腊八是大年的开场锣鼓，那么小年就是大年的序幕。从小年开始，就进入了过大年的倒计时。各地有不少年节民谣，都是从腊月二十三开始说起。河北邯郸民谣：

> 糖瓜祭灶二十三，离过年整八天；二十四，扫房子；二十五，做豆腐；二十六，蒸馒头；二十七，赶集上店买东西；二十八，把猪杀；二十九，做黄酒；三十，家家捏饺子。

"二十三，糖瓜粘""二十三，祭灶王"等民谣里都说到祭灶，祭灶是传统小年的重要节俗。灶神俗称灶王爷、灶公、司命，是中国民间在年节中特别崇奉的神灵。

·火神到灶神，伏祀与腊祭

灶神在先秦时代地位并不显赫，但由于其神职的特殊，在小家庭所有制的时代，它在民间岁末祭仪中，逐渐成为主要祭祀对象。后代以"祀灶"活动替代了腊祭诸神的仪礼，在世俗的年节中似乎只要打发了灶神，就可心安理得。本为国家礼制的祀灶仪礼，在其作为民俗扩张的同时，灶神神格也发生了变

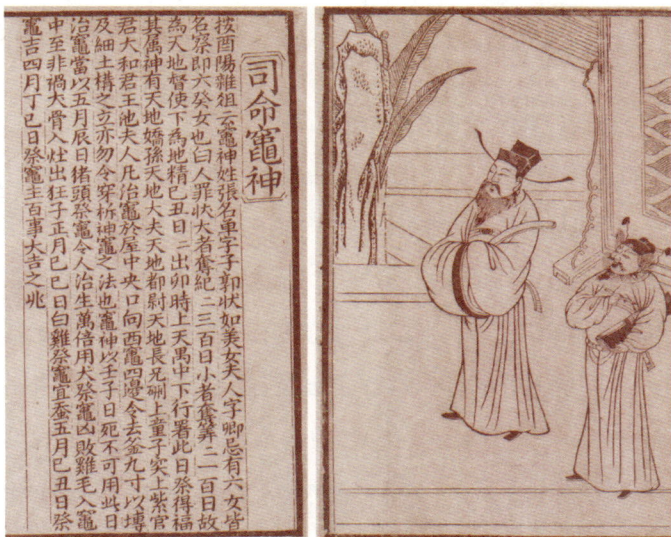

古籍中的灶神形象
《三教源流搜神大全》宣统元年叶德辉校刊本书影

化，神秘严肃的灶神演变为上天派驻民间的耳目。人们祭祀他，又调侃他。民间祀灶态度的变化，映射着民众精神的变化，民间信仰经历了由上古复杂、神圣到中古近代简约、实用的重大变迁。

　　诸神与人的精神世界相应，人们对关系民生日用的事物，往往有特殊的情感；在神灵信仰盛行的上古时代，人们自然将它们奉为神明。民以食为天，灶是烹饪食物的专门场所，如《释名》所说：

灶，造也，创食物也。

生冷的食料要变成香浓的食品，离不开灶火的煎煮熏烤。中国人很早就发明了炊事灶具，古史有"黄帝作釜甑"的传说，这一传说的时代在考古上得到了印证：据宝鸡福临堡仰韶文化遗址发掘报告，仰韶文化时期中国就有了构思精巧的釜灶，双釜与灶连体，且共一个火门，灶顶设有八个排烟孔。我们近代乡村沿用的炊灶形制在汉代已广泛流行。从原始石烤到"瓦鬲煮食"，再到釜鼎烹调，灶火之功煌煌。因此出现灶神，以及将灶神视作居家火神，就非常合乎当时人的心理实际，"炎帝作火死而为灶神"（《艺文类聚》卷八十引《淮南子》，今本《淮南子·氾论训》略有不同）。灶神在先秦被列为五祀（或七祀）之一。五祀的起源与具体名目在历史上存在着歧见，根据礼学权威、东汉经学大师郑玄的看法，五祀在殷商时已出现，"五祀，户、灶、中霤、门、行也"（郑玄注《礼记·曲礼下》）。荆门包山战国楚墓中出土有五祀的神牌，在五块小木牌上，分别写有室、门、户、行、灶五字，显然这是墓主生前的信仰。五祀在古代是时空结合的祭礼，它依照星象天时，以族群聚居的居室为神灵分布的空间范围，根据五行原则，将其与五方四时结合：春祭户，夏祭灶，秋祭门，冬祭行（一为"井"），季夏祭中霤。

在五行生克图式中，夏季旺相属火，火神是夏之主神。由于灶与火的密切关系，因此在先秦的岁时祭仪中，夏季主祀灶神。夏季祀灶偏重在火的自然属性，从后世的民族志资料中，我们很容易明白它们之间的关系。由此可见，先秦灶神祭祀以夏日为主，但并非只在夏季。年终腊祭中很早就包含了祭灶的内容，所谓"腊祭先祖五祀"。年终祭祀五神，固然有岁末总祭季节神的意味，但对与火祭有关的灶神祭祀来说，它还有着与夏日祀灶相关的特定意义。在观象授时的先秦时代，人们根据星象测定时气，大火（心宿二）曾是寒暑时节变化的重要标志，"火中，寒暑乃退"（《左传·昭公三年王正月》）。人们以大火旦中，即清晨心宿二出现于南方中天确定为季冬，寒冬将逝；以大火昏中，即黄昏时心宿二出现于南方中天确定为季夏，炎夏趋凉。在阴阳二气盛极而衰的关键时段，人们举行岁时祭祀星神的仪式，以实现天人的沟通，求得人事的顺遂。这就是夏冬两季祀灶的原义。

从后世祭灶习俗的时间与内容中我们也不难发现原始星神祭祀的遗痕。夏季祀灶的时间在六月初至二十四日，冬季在十二月初至二十四日。夏冬祭仪在时间上有着对应关系，它明显地体现了与星象的关联。彝族保存了一套古老的历法，一年有两个新年，一在六月，一在十二月。它以斗柄（北斗七星杓柄状的三星）直指上或直指下为准，上指十二月节，下指六月节。六月为星回节，俗称火把节。云南彝族在农历六月二十四日火把节前举行祭灶礼，咏诵祭火词，说：

> 火是衣食火，火是人魂窝。……今天来祭火，火
> 光永不灭；大火明朗朗，火光象日月；火神藏家中，
> 人畜得安宁。

十二月二十四日仍然祀灶，但不如夏祀热闹。部分汉族地区也有夏冬两祀，清朝苏州一带，夏季祀灶的时间在六月初四日及二十四日，冬季祀灶在十二月二十四日。不过东汉以后，由于历法的调整及人们信仰态度的变化，夏季祀灶习俗逐渐淡化，其中部分祀灶习俗转移到腊日，腊日祭灶成为年终祭仪的重头戏。

祀灶祭仪由夏祀转为冬祀，它不只是时间的变化，灶神的性质也发生了重大的改变，除少数地区仍将灶神视作火神外，大多数民众已不清楚灶神的本来面目。汉代后期，腊日祀灶风习渐浓。由于人们缺乏对冬季祀灶与天文星象间联系的了解，于是产生了对腊日祀灶的新解释。《荆楚岁时记》引述了一则汉人祀灶的传说：汉宣帝时，南阳人阴子方性情仁孝，腊日晨炊，见到灶神，他赶忙礼拜，将家里的一只黄狗当作黄羊献祭。从此阴家"世蒙其福"。阴家祭灶致福，引得时人纷纷仿效。由这则传说看，汉末腊日祀灶已为民俗所尚；此时的祀灶祭品已由过去夏季祀灶的犬祭变化为黄羊之祭。阴氏仓促间以犬代羊，

实则是合了祭灶的古意。祭灶牺牲的变化与岁时伏腊的时祭有着密切联系，伏日磔犬，腊日祭羊，是秦汉旧俗，祀灶由夏转向冬腊，自然要与时令祭品相合。

灶君的名称在战国时已出现，当时有人说晚上"梦见灶君"（《战国策·赵策》）。据《梦书》解梦说，梦见灶神，担心娶妇嫁女。可见此时灶君信仰与人间婚嫁有关系。灶王的敬称大约出现在道教发展的唐朝，李廓《镜听词》"匣中取镜祠灶王，罗衣掩尽明月光"（《唐诗纪事》六十），描述了夜晚取镜祭祀灶神的情景。灶神由君而王，不仅仅是称呼的变化，表明灶神职司的扩大与地位的上升。民间至今仍有"二十四夜敬灶王，供上糯米打白糖"的俗谚。

以司命称灶神，是灶神神格的新变化。司命本来是文昌宫星神，主司人寿。古礼有槱（yǒu）燎之祭，积薪燔（fán）柴祀司中、司命。司命星神在汉代属于郊祀的对象，由"荆巫"祠祀。东汉时期民间"独祀司命"，这时的司命已偶像化，人们将一尺二寸长的木头刻成司命神像，无论出行还是居止都要奉祀（《风俗通义·祀典》）。由于司命祭祀方式是积薪燔柴，烟熏火燎的祭祀使人们易于将它与灶神发生勾连。魏晋时期，灶神信仰中开始接纳古代司命信仰。葛洪在《抱朴子·内篇》中说：灶神在每月的最末一天，都要上天报送一次人间过错，罪过大的人减寿三百天，罪过小的减一日。人寿原本由司命执掌，这时灶神却接过司命的职责。正是司命与灶神职责权限的混淆，后世民间才将灶神径直称为司命。司命在民间地位显赫，在南方乡村农家中堂[1]上仍能见到"本门宗祖"与"东厨司命"并列的神位。

·灶神形象与传说

阴子方见到了灶神，灶神是何形象，没有交代。从古代文献记录看，灶神形象有男有女。灶神在历史上有多种名号，除一般通称灶神外，民间还习称灶君、灶王、司命、老妇等。先秦祭灶有祭火神，也有祭老妇。一般来说，炊事由妇女操持，由炊事而起的信仰应该有女性的成分，先秦的先炊之神，就是一位女性神。所以在灶神的形象上很早就有了老妇之说，将灶神与先炊之神联系起来，人们用盆、瓶等炊器盛装食物，作"老妇之祭"（《礼记·礼器》郑玄注）。汉代，灶神有了新的形象。在方士的鼓动下，汉家皇帝"始亲祀灶"，当然那是炼丹的"仙灶"。过去的儒者对灶神为老妇之说，予以否认，认为灶神是王者所祭，祭祀的是神圣有功德之人。在他们的心目中，女性当不起这样的祭祀，他们不仅在社会上将妇女驱回闺阁，在神灵世界里也尽量以男性取代女性。东汉时的灶神已经以男性为主，出现了灶神夫妇，男名苏吉利，女叫王抟颊。灶神的女性形象在民间信仰中一直若隐若现，《庄子·达生》篇称"灶有

---

1 中堂，传统房屋中位于几个房间正中的厅堂。

髻",晋人司马彪采录民间传说:"髻,灶神,著赤衣,状如美女。"唐朝这一传说仍有流传,并且添加了新成分,灶神姓张名单,字子郭,夫人字卿忌,他还有六个女儿。灶神姓张,与天上的玉皇攀上了亲戚,这与道教系统整理神仙谱系有关。灶神家庭的出现,反映世俗社会伦理意识的增强。无论灶神如何变化,他始终离不了女性的陪伴。由于腊日祀灶与季冬行傩有关,后世人们又称灶神夫妇为傩公傩婆,也叫灶王爷和灶王奶奶。

关于灶王爷和灶王奶奶,山东地区流传着一个有趣的传说:

传说灶王爷本姓张,是一个普通的村民。这位张郎娶了位贤淑的妻子叫丁香,小夫妻二人勤劳持家,家里很快就殷实起来。可是过了不久张郎就渐渐厌弃了丁香。张郎隔三岔五地出去风流快活,将妻子的贤惠体贴抛至脑后。终于有一天,他找了个借口把丁香休掉了。凭着家里还算丰厚的底子,他又续娶了一个漂亮的夫人叫海棠。这位海棠夫人可不同于丁香,她爱慕虚荣而且贪图安逸。没有多久,这个富足的家便败落了,海棠一甩手抛弃了张郎,另谋出路去了。被抛弃的张郎最后沦落到沿街乞讨,在与乞丐争抢的过程中,两只眼睛也瞎了。又一个寒冬腊月,他实在受不了寒冷,就敲开了一大户人家的门。门开后，他被请到了室内，屋里暖意融融，还有人给送上了一碗鸡汤面。许久不曾吃过这样的饭菜了，张郎狼吞虎咽把面条吃了个底朝天。最后吃到碗底的时候，吃到一根硬的、细细长长的东西，张郎想："肯定是个鸡骨头吧！"于是随手就把那东西扔掉了。这时候旁边传来一个熟悉而怨愤的声音："张郎啊张郎！你瞎着两眼不认我丁香！"原来这正是丁香的家，那"骨头"正是丁香与张郎当年的定情簪子。不承想，这丁香原是一位神仙，她拿起那簪子来朝张郎双眼轻轻比画了一下，张郎顿觉眼前一亮，重见光明了！他看着曾经被自己背弃的贤惠妻子，想起自己的所作所为，再看看眼前的情形，羞愧难当。他一低头看到门口的灶台，于是蒙着头就钻了进去。丁香没想到张郎会这样羞愧，赶紧拖住他的一条腿向外拖。不料张郎再也没有出来，丁香却把他的一条腿给扯断了。天上的玉帝看到张郎虽有错事，却仍有羞耻和悔过心，于是就封他做"九天东厨司命灶王府君"，也就是俗称的"灶王爷"，让他负责管理各家的灶火，并作为家庭的保护神而受到崇拜。那条被丁香扯断的腿就是如今的"掏灰耙子"。(管谨严《回家过年》)

这与唐代灶神传说有一定的前后承继关系。所以后代灶马上有一男二女的三人画像。女性形象的不易抹去，既有信仰传统的原因，也与女性在居家生活中的家务分工有关。由于男权的扩张，中古之后，在灶神家庭中女性成为配角，在祭仪中，女性被剥夺了祀灶的资格，俗有"女不祭灶"之说，如宋人所咏"男儿酌献女儿避"（范成大《祭灶词》）。

·灶神祭祀

魏晋以后的灶神成为天神监察下界的耳目，他常驻人家，与百姓朝夕相处，监视着民间的一举一动。民间日常生活中免不了磕磕碰碰，人们担心灶神打小报告，于是跟灶神套近乎，俗称"媚灶"。向神灵献媚是民间信仰的常见表现，不过在灶神祭祀上，表现得更为生动有趣。由于灶神与人关系紧密，人们对他既敬重又亲昵，常常在奉献祭品的同时，对灶神进行善意的调侃甚至戏弄。各地各时期的祭品不尽相同，但荤类不外鸡犬羊猪等，素类有麦芽糖、糯米团、瓜果枣豆等。汉唐时就已用猪头祀灶，据说猪头祭灶，"令人治生万倍"。宋代民间依然传承着这一祀灶习俗，即使贫寒之家也不能免俗。传说穷愁潦倒的吕蒙正[1]乡居时，逢腊月二十三日祭灶，蒙正不得已向屠户赊肉数两，当时肉店老板不在，老板娘可怜他，赊给他了。屠

1　吕蒙正，字圣功，北宋初年宰相。

熬粥炉

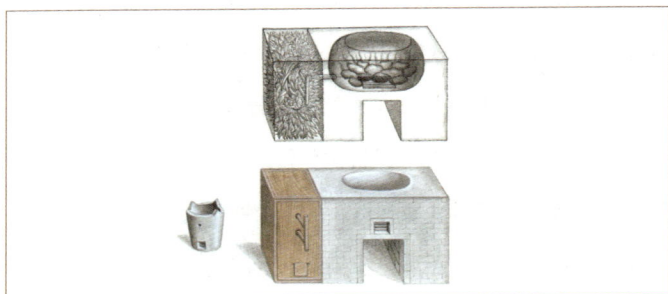

风箱炉

乡村里炉

夫回来知道此事后，很生气地找蒙正要肉，这时肉已在锅，屠
夫竟捞起而去，蒙正叹息，因焚诗代胙[1]，诗云：

> 一炷清香一缕烟，灶君今日上朝天。
>
> 玉皇若问人间事，为道文章不值钱。（吕蒙正《送灶》）

　　唐宋以来一般人家在腊月二十三或二十四都认真地上演着
这类祀灶的短剧，南宋范成大《祭灶词》对当时祭灶习俗有细
致的描绘：

> 古传腊月二十四，灶君朝天欲言事。
>
> 云车风马小留连，家有杯盘丰典祀。
>
> 猪头烂熟双鱼鲜，豆沙甘松粉饵团。
>
> 男儿酌献女儿避，酹酒烧钱灶君喜。
>
> 婢子斗争君莫闻，猫犬触秽君莫嗔。
>
> 送君醉饱登天门，杓长杓短勿复云，
>
> 乞取利市归来分。

1　胙（zuò），祭祀用的肉。

范氏以诙谐笔调为我们勾画了一幅饶有趣味的江南祭灶图，宋人以这种请吃请喝、"送红包"的形式贿赂灶神，让他醉饱上天，不要议论人间长短，最好还带些年礼回来。

　　宋东京（今开封）人祭灶更简捷，在灶上贴灶马，用酒糟涂抹灶门，称为"醉司命"（《东京梦华录》卷十）。让灶神醉醺醺地上天，糊糊涂涂地交差了事。但老让灶神这副醉汉模样，似乎也不太合适，于是人们又采用了另外的方式——用胶牙饧（táng）即麦芽糖祀灶。给灶王爷进灶糖，最初的意义是封住他的口，使他不能开口说话；后来是送上封口费，祈祷拜祝："辛甘臭辣，灶君莫言"；最后是吃了咱的糖，给我甜言蜜语，"盘中有饴凝作脂，愿神口舌甘如饴"（陈荐夫《祭灶行》）。这种黏度极高的糖，不仅黏住了灶神的嘴，也甜了灶神的心。这样灶神就应人们所请："好事传上天，坏事丢一边。"清代北京人用南糖、关东糖、糖饼祭灶神，用清水草豆祀灶神所乘的神马。

　　北京俗曲云：

　　　　腊月二十三，呀呀哟，家家祭灶，送神上天，祭的人间善恶言。一张方桌搁在灶前，阡张元宝挂在两边。滚茶凉水，草料俱全，糖果子糖饼子，正素两盘。当家人跪倒，手举香烟，一不求富贵，二不求吃穿；好事儿替我多说，恶事替我隐瞒。（《霓裳续谱》）

北京大鼓词也唱：

年年有个家家忙，二十三日祭灶王。当中摆上一桌供，两边配上两碟糖。黑豆干草一碗水，炉内焚上一股香。当家的过来忙祝赞，祝赞那灶王老爷降了吉祥。

祭灶的糖瓜，是用麦芽糖做的。大麦发芽后，上锅熬成浆，冷却之后，就成了饴糖。近人邓云乡在《增补〈燕京乡土记〉》中对糖瓜加工过程有一段细致的描述：

麦芽糖刚刚熬成时，是咖啡色的浓浆，从锅中盛出，倒在撒满面粉的石板上，冷却，变成一大块，好像沥青一样的东西，不过是褐色的。做糖瓜时，把这大块的麦芽糖敲下一大块，放在撒了干粉的案板上加热揉搓，使之变软，慢慢软得像嚼过的口香糖一样了。然后把它弄成一个圈，套在一个抹了油的木桩上，再用一个小木棍套上来拉，拉长了再折一转，绞成麻花状再拉，反复多次，说亦奇怪，褐色变成白色了。拉到这种程度时，取下，把粗长的糖条，用手一段段勒细，成葫芦腰状，稍冷，把细腰处快刀切断，变成倭瓜样的糖瓜了，多好玩呢？

山东人祭灶，供品除糖瓜一类外，还有水饺。民间说法"起身饺子落身面"，送行时，一般吃饺子。在送灶王爷上天的仪式上，全家跪叩，一边烧掉灶王爷的旧像和一匹纸马，一边由老年人念念有词：

灶王灶王，你上天堂，多说好，少说歹，五谷杂粮全带来。

那些想添子嗣的，则念：

腊月二十三，灶王上西天，多说好来少说歹，马尾巴上带个胖小子来。（山曼等著《山东民俗》）

对于不吃请的灶神，人们也有预防的办法。据说灶神平时要记人间过错，屋尘是他的记事本，为了消掉灶神的备忘录，人们在祀灶这天同时"家皆扫屋尘"。扫尘本来是为了干干净净过大年，民间却将它与祀灶活动串联起来，赋予它以民俗意义，民间信仰就是这样服务着民众生活。

后世灶神信仰不仅复合了星神崇拜的内容，还将古代岁末行傩驱疫的时季仪式归并到了灶仪中。

〔北宋〕佚名《大傩图》

乡傩礼失求诸野，小鬼应犹畏灶君。（方回《岁除
次韵全君玉有怀》）

元明以后，人们称腊月的驱傩为"跳（tiáo）灶王"或"调
灶王"。每到岁末贫者和乞丐三五成群，扮成钟馗、灶神到人家

里乞讨，这种假面驱傩、登门"逐疫"的仪式是古代腊日的主要活动。清代江苏地方的"跳灶王"，从腊月朔日起，至二十四日止。（顾雪亭《土风录》）通过祀灶的一系列活动，达到"正神送上天，恶鬼驱出门"的目的，实现日常时空的净化。

年前的去旧是为了迎新，在旧已去、新未到的休废日期间，即灶神等上天换岗的那段日子，是民众为自己设计的调节社会生活的特定时段，民间有"乱岁"之说。在"乱岁"的日子里，人间无神管辖，人们办事可以自由选择时日，尤其是婚嫁大事，吴地将在这段时间操办婚事的，称为"趁乱岁"。岁末年终，人们有了闲暇与积蓄，对于平时难得有精力操办大事的人来说，这是一个好时机。因此，人们根据现实生活需要，发明了这一特殊的时间民俗。可见，在传统社会里民众生活秩序依赖着民俗进行调节。由灶神信仰的种种情形，我们不难明了传统中国民众处理问题的一般方式，他们对待管制者并不是简单的服从，而是抓住他们的弱点，采取种种手法对其做适宜的控制与利用。民众信仰既功利实用，又符合生活逻辑，虽然有时显得滑稽，却也值得沉思。

二十四，扫扬尘

"二十四，扫扬尘。"送走灶王爷，人们该清扫、洗涮，干干净净迎新年了。

自腊月二十三、二十四日灶神上天起，"俗谓百无禁忌"。平时人们对于屋内清扫是小心谨慎的，唯恐触犯神灵，现在将居家的灶神等送走了，人们难得一个任意清扫的机会。

扫尘，是年终除旧迎新的通过仪式之一；它同样是岁末的时空净化仪式，人们尽量将屋内上下、四壁角落、柜顶柜底清扫干净。清洁屋宇的扫尘虽然是实际的卫生行为，但在古代民众岁时生活中它是祭祀活动开始前必须进行的空间净化活动，具有清洁、净化人居空间的象征意义。在重视祭祀礼仪的周朝，清洁斋戒是必备的环节。

东汉《四民月令》记：

前除二日，齐馔扫涤，遂腊先祖五祀。

在除夕前两天，人们斋戒扫除洗涤，为腊祭做准备。魏晋隋唐未见年节扫尘的记载，依照常理，大年会有清洁房屋的行为，大约人们重视驱傩，还没有将扫尘视作年节民俗仪式。

南宋在"月穷岁尽之日"，士庶人家，"俱洒扫门闾，去尘秽，净庭户，换门神，挂钟馗，钉桃符，贴春牌，祭祀祖宗"。（《梦粱录》卷六）明清时期扫尘一般集中在腊月二十四送灶神之后，民间说灶神上天，家中清扫无所顾忌。清代苏州称为"打埃尘"，

〔清〕黄慎《钟馗图》

又称"除残"，时间在二十三日、二十四日及二十七日。

蔡云《吴歈（yú）》云：

> 茅舍春回事事欢，屋尘收拾号除残。
>
> 太平甲子非容易，新历颁来仔细看。

这是说岁末扫尘注意历书中对时日的规定，如果历书中有土神用事，就不能清扫，须在此日之前清扫完毕。一般来说二十四日是无忌日，所以民间都在此日清扫，不须另看黄历。

许青浮的《扫尘》诗写得诙谐有趣：

> 送灶乘云上天早，满屋烟尘尽情扫。
>
> 大家屋巨烟尘多，堂庑（wǔ）庖湢（bì）忙奔波。
>
> 贫家屋窄烟尘少，拂拭门窗一时了。
>
> 老夫亦有破琴书，也向西窗手拂除。
>
> 待看鼎新还革故，春色光辉旧门户。

北京人在送灶神后，扫除祠堂屋舍，糊裱窗格。天津宝坻称扫尘为"扫舍"，以此为"除旧更新"之法。未扫之前，先祷告说："土地奶奶躲躲儿，扫了房子供果儿。"如果是祭灶之后，就没有这个顾虑了。江西新城人以二十五日为"小年"，小年前后扫屋尘，有丧之家不扫除，不爆竹。闽南人在腊月二十四诸神上天后，举行拂尘活动。拂尘又称扫年，家家大搞清洁卫生，重点是厨房，从灶台、锅盖、菜厨到门窗，将污垢清洗干净，以逐除家中一切晦气。人们通常用新扫帚作为拂尘的工具，并在上面贴红纸，以求吉祥。福建漳平人还要特意上山采一种叫"扫豚西"的灌木枝，绑在竹竿上，专门用来打扫天花板、屋檐等处。拂尘后，人们往往吃猪血滑菇粉，以清除吸入体内的灰尘。广东阳江人将竹枝或甘蔗尾叶绑在长竹竿上扫屋尘。竹枝扎帚寓意长寿，蔗尾叶则是"一年甜到尾"的象征。

有的地方将岁末扫尘与古代岁时驱傩仪式结合在一起。江苏太仓，"二十四日，拂屋尘，乞儿涂面执竹枝傩于门"（康熙年间《太仓州志》）。河北南皮二十四日"扫舍，稚童饰鬼面傩戏"（《光绪府志》）。扫尘与驱傩在这里结合为一。安徽、湖北、湖南都在二十四这天扫除屋内尘垢，清洁环境。土家族腊月二十四日扫扬尘，土家人用三根竹枝扎成长扫把，将屋内扬尘、蜘蛛网扫尽，并将沾满灰尘与蛛网的扫把丢到屋后山上。传说扬尘惹火，蛛网惹祸，将它们送走，就可保屋内一年平安。这里我们可见扫尘所隐含的信仰意义。

有一则民间传说很能说明人们对尘埃的畏惧。古人认为人的身上都附有一个三尸神，他像影子一样，跟随着人的行踪，形影不离。玉皇大帝为了掌握人间情况，专门派这个三尸神监督人间的一举一动。这个三尸神是个喜欢阿谀奉承、爱搬弄是非的家伙，心眼特坏，而且喜欢作祟。他经常在玉帝面前造谣生事，把世间的老百姓描绘得丑陋不堪。久而久之，玉皇大帝对人间就没有好印象了。有一次，到了年底，三尸神上天汇报，诬陷人间在诅咒玉帝，想背叛天庭。玉皇大帝一听，勃然大怒，决定把咒骂他的人一一处死。于是玉帝让三尸神察明人间谁在作乱，凡对神灵不敬的，就将这家人的姓名和其罪行写在墙壁上和屋檐下，再让蜘蛛结网遮掩以做记号。等到除夕之夜，命天兵天将下凡，凡遇到做有记号的人家，一律抓杀。三尸神就乘隙飞下凡界，不管青红皂白，恶狠狠地把每户人家的屋檐墙角都做上了记号。这件事被灶王爷知道了，他不肯让无辜的人间百姓枉死，于是他想出了一个好办法：他要求人间在送灶后到除夕接灶前，每户人家必须把房屋打扫得干干净净，屋内室外，一尘不染，否则接灶时，灶王爷就拒不进宅。大家遵照灶王爷升天前的嘱咐，清扫尘土，掸去蛛网，擦净门窗。等到天兵天将奉旨下界勘查时，发现家家户户窗明几净，一点劣迹的记号都没有，于是回报玉帝。玉皇大

〔清〕吴昌硕《岁朝清供图立轴》

帝听后大为震动，将欺君罔上的三尸神打入十八层地
狱。从此三尸神再也不能坑害人间了。人们为了感激
灶王爷的救命之恩，每年的送灶前后，都要掸尘、洒
扫，把房子彻底打扫一遍，以防玉帝再次检查。

有的地方是在祭灶前或同一天扫尘。为了解释这一节俗，
民间有另一个版本的传说。说灶王爷将日常见到的家户言行都
记在烟尘蛛网等账簿中，上天时要带着这些记录给玉皇大帝汇
报。人们为了让灶王爷没有依凭，就以扫尘的名义将这些灶王
账册尽行扫去。无论哪种解释，都说明民间将环境清洁作为了
空间净化的一个环节。

在山东滕州、莱阳、招远等地，人们在腊八节打扫卫
生，据说，这天神仙离位，鬼神不忌。腊八与腊月二十三、
二十四是进入大年的不同起点，以扫尘作为驱邪的动机则具
有同一意义。

二十五，磨豆腐

祭灶之后，在"二十五，磨豆腐"的民谣声中，人们进入
了准备年节食物的阶段。磨豆腐过年，是传统社会年节民俗项
目。每到小年之后，人们就为年节食品忙碌，每家都要磨上一

些豆腐，做豆腐干、豆腐丝、豆腐圆子等。豆腐谐音"兜福"；豆腐干，闽南人称为豆干，谐音"大官"，过年有这样的彩头当然好。

年节食品当然不仅是豆腐，大年是一年的盛节，丰盛的食物是大年的典型特征。俗话说"大人望种田，小儿盼过年"，大人希望年成好，小孩盼望年节早早来临，因为年节有许多平时难得的吃食与娱乐。年节食品最能体现民俗的统一性与地方性。

全国共享的传统年节食品是年糕，年糕的制作原料有糯米粉与黏性的黍米面两种。早期社会黏性的米糕是年节祭神的供品，当然人们在祭神之后可以享用，所以它逐渐成为年节的标志性食品，过年必吃年糕。过年吃年糕，意味年年增高，祈求一年更比一年好。明代北京人年节准备黍米糕，元旦起床即吃，称为"年年糕"。顾禄在《清嘉录》中记载了晚清江南春节食用年糕的风俗：年糕是苏州年节的主要节令食品，它也用于年夜祀神，岁朝供先，同时还馈送亲朋。年糕用黍粉和糖做成，它有黄白两种。大的直径尺长，方形，俗称"方头糕"；形如元宝的，称为"糕元宝"。主家还有专门赏赉给仆人奴婢的年糕，这种年糕形狭而长，俗称"条头糕"。有的富家雇用糕工上门磨粉蒸糕，一般不那么讲究的人家，就在市场上购买。因此在年前一二十日开始，糕店前顾客云集。李福《年糕》诗对苏州年糕有淋漓尽致的描写：

珍重题糕字，风光又一年。

为储春糗饵，预听磨盘旋。

筛细堆檐雪，蒸浮袅灶烟。

吉祥同粽熟，摩按胜粢（zī）坚。

甘许糖调蔗，香应稻识莲。

尺量圭待琢，寸断线频牵。

外倩瓜仁剥，中容枣实填。

狭看持石笏（hù），方拟运花砖。

品佐酬神馔，盘添压岁钱。

馈遗亲谊厚，赉赏大家便。

回首重阳酒，撑腰二月天。

人情还可笑，黄白肖形偏。（《清嘉录》卷十二）

山东年节蒸糕也很典型，从前蒸年糕，从腊月初，一直蒸到腊月底。蒸出的食品能吃到二月二，才是好人家。其中，枣糕是最佳的食品，大枣糕重达十斤，造型美观，花纹生动，缀以红枣，特别诱人。山东高密是民俗传统保存丰富的地区，人们从腊月二十三开始蒸年糕。

山东大年糕切成尺方块，用来祭神。山西、河南的花糕也极精致漂亮，当然也得先由神来享用，然后再由人来分享神的恩惠。

蒸年糕是过年期间的一件大事。农家是用黄色的黍米面（俗称糕面）做年糕，把糕面和水后平铺在大盘子上（一般放在茶盘子上），放在锅里蒸，等开锅后就可以看到又软又黏的糕了。但是这样的糕不能直接吃，要用手沾了凉水以后把它在"盖簟"上拍成两三厘米厚的饼，边拍边说："拍糕打糕，一年一遭。"新糕出锅后很烫手，因此这件看似容易的活儿做起来也是很辛苦和需要技巧的。一直到现在，除了奶奶，其他人一般都做不来。拍平了的年糕插上洗净的红枣，等凉透了以后就可以切成方块用于过年时摆供用。这些切成块的糕在寒冬腊月里可以保存很长时间，要吃的时候只要再切成小薄片放在锅里蒸着，就会变成又软又黏的了，加了糖以后吃真是美味。在腊月二十三蒸年糕并不只是为了在这年时摆供以求"年年登高"的吉利，更大的意义还是为了晚上的"辞灶"。因此新蒸的年糕出锅后，老人会先取出一小口抹在灶台上，为的是堵住"灶王爷"的嘴，让他上天言事的时候别说这家人的坏话。（管谨严《回家过年》）

馒头也是传统年节食品，晋人束皙《饼赋》称"三春之初，阴阳交至，于时宴享，则馒头宜设"。可见一千多年前，就有春节蒸馒头的习俗。馒头是阴阳交至时节的应时点心之一。明朝宫内腊月二十四以后，"各家皆蒸点心"。点心大约包括糕饼馒头一类。过年蒸馒头是北方通行的风俗。清代京城一带，在腊月十五以后就开始蒸馒头，馒头分有馅、无馅两种。有特别讲究的人，拣麦磨面，很费工夫，乡村有人说这样的俏皮话，称"磨面先洗驴"。卖白面的人必定说自己的是"重罗"面粉，所谓"重罗"就是用筛子筛过多次，有的人家面粉筛过四次。在制作过程中，掺入冰花糖，用印模印之，其白如雪，面有银光，谓之"白包子"。京城里山东人做的包子最好。

山东高密过年蒸馒头仍然十分讲究。"馒头的花样虽然少很多，但因为是摆供用的，所以要求也分外严格。不仅要求斤两精准，还得光洁好看。为了做出四两、八两、一斤以及一斤六两重的馒头，每一个面团都必须用杆秤仔细地称过。每一个面团在成为馒头前都需要揉过至少三遍，这时候面团紧致，蒸出来后口感会更加好。每一个馒头里面都被包进一颗红枣，寓意来年幸福安康。蒸馒头时的火候也需掌握得恰到好处，否则前面的劳动都会白费。每年都会因为火候掌握得不好导致一两锅馒头不够光洁，表面有微小的瑕疵。老太太绝不含糊，每当出现这样的情况都会立刻要求重新做一锅。"高密人还在腊月二十四用面粉做"圣虫",留到大年夜放到粮囤中。具体做法是,将面团搓成一端稍粗另一端稍细的长条,一圈一圈地缠绕成"小蛇"的形状,在"小蛇"背上用剪刀剪出尖尖的鳞状,用花椒做眼睛、红枣皮做嘴巴,一个小"圣虫"蒸熟了以后要一直留到大年夜才派上用场。所有的面食蒸熟后都要放在一个阴凉的地方,每年这样的面食都差不多能装一个面缸。(管谨严《回家过年》)

河南人腊月二十七开始蒸馒头,"二十七,蒸着吃"。无论贫富,过年都要蒸馒头,馒头用来自己吃、待客人,或者作为拜年礼。穷人家的馒头吃到"破五"(正月初五),富裕人家馒头可吃到正月十五,甚至二月二。南方主要是蒸年糕,但也有蒸馒头的。苏州年节有蒸"盘龙馒头"的节俗,市场上卖一种巨型馒头,馒头上蜿蜒着用面粉制作的盘龙,上面还插有各式吉祥的象征物,这是专门用于过年祀神的祭品。

东北人过大年同样要准备许多年节食品,比如蒸年糕、馒头、面鱼、面花等,其中面花尤有特色。我们不妨随董媛的镜头,欣赏她姥姥家的年节食品。

董媛的姥姥家住辽宁瓦房店市瓦房村。姥姥从腊月二十三小年送走灶神后,开始做年节食品。"开始是和面,和面时先舀几舀面放到盆里,放些面碱,再用舀子舀些凉水，一手拿着水舀往里添水，一手和面，一直和到面有筋骨儿了，再放到盆里醒着（放置一会儿，让面团软硬均匀）。糕，用高粱米加水混合揉捏，直到柔韧筋道时才放到大锅内，上面撒些豇豆就可以蒸了。同时，准备做面花的东西：大枣、硬币、苞米窝子……一会儿，面就可以做了。"（中央美术学院实验艺术工作室2004级《年俗调查》）

青海的民众制作年节食品同样种类丰富而仪式感十足，白媛在《青海下川口村春节民俗调查》中有详细的描述：

每年奶奶都会算着日子，爷爷快回来的时候，会挑两天好日子，和邻居家的妇女们一起做过年要吃的主食。第一天做油饼、麻花、"花花"（用白面和黑面和起来制作的颜色呈条带状的油炸饼状物）之类油炸的主食。还会炸一种金黄色正方形的很薄的饼，大家都叫它"啩焻"（guà guā），是专门用来上坟祭祖的食物。第二天主要以蒸为主，会蒸很多外表粘有茴香、红曲等的色彩鲜艳的花卷，还有以胡萝卜和白萝卜为馅的素包子。做的时候所有的妇女分工很明确，力气大的在厨房和面，两三个人坐在炕上把和好的面做成

参 春节习俗深描

103

各种形状，而奶奶因为年龄大有经验则总是负责在锅
边炸或者蒸。人们也通常会通过这种合作来判断邻居
家的媳妇是否贤惠。我总是牵着奶奶的衣角要奶奶做
得甜一点。这些主食都会被放进大缸里储存起来，可
能是因为家乡冬季温度很低，馍馍不会变质。奶奶说
存在缸里不容易变干。

　　南方年节多有米粉制作的糕饼。福建、台湾等地，在腊月
二十四祭灶后，进入"年兜"（年底）阶段，家家户户备办年节
食品，鱼肉、蔬菜、瓜果、糕饼是一般人家必须备齐的。过年
所用的鸡鸭，要在除夕前宰杀好。许多地方杀鸡还有讲究，拔
鸡毛时要留三根鸡毛，意思是有头有尾。煮鸡时要使鸡头与脖
子成"之"形，使头背成昂首状，两腿往后伸直，俗称"金鸡
报晓"。体现年节特色的地方食品是各种糕粿。糕粿种类很多，
主要以糯米粉为原料，加红糖在火上加热搅拌均匀，停火、稍
凉之后，即手工包馅，做成圆形，然后用粿模印制成圆形或椭
圆形，在粿底涂点花生油，垫上香蕉叶，上笼蒸熟，作为祭祀
与享用的年节食品。粿有甜粿、菜头粿、芋粿、红龟粿，等等。
台湾有一首《年粿歌》，生动地表达了年粿的吉祥寓意：

　　　　甜粿过年，发粿发钱，菜包包金，菜头粿吃点心。

甜粿是当地人过年最主要的年粿；发粿要发得好才会发财；菜包能包馅，所以能包金；菜头粿则是象征着"好彩头"之意。丧家不能隆重过年，因此也不能做甜粿。他们由亲戚给自己送甜粿，受赠人大多以橘子回礼。（方宝璋《闽台民间习俗》，第277页）

广东人在腊月二十五到二十七日，家家浸米舂粉，年前精心制作糯米糍、油糍、米粉饼、鱼丸等传统食品。春节的米饼必有煎糍、松糕，以象征团圆发达。煎糍又叫煎堆，制作方法是以糯米粉加糖搓匀，捏成球状，放到煮滚的食用油中油炸，使其中空膨胀。松糕，用米粉加糖，再加上适量的酵母粉发酵蒸成，然后切成小块待客。客家人习惯用钵蒸，因此叫钵仔糕。

值得一说的是广东肇庆春节的裹蒸。裹蒸一词在历史上很早就出现了，《南史·齐明帝纪》有：

太官进御食有裹蒸。帝十字画之曰，可四片破之。余充晚食。

肇庆裹蒸用当地出产的柊叶包裹，柊叶具有较长时间防止食物霉变的特性。制作裹蒸的传统原料是糯米、绿豆、肥猪肉等，这些原料各按一定比例配好，糯米洗净，绿豆磨破去壳，加上适量精盐拌匀，然后将肥肉切成厚块，再加适量的曲酒、芝麻末、胡椒末作馅，然后用柊叶包裹，大小可随人意。裹好后下锅煮数小时，如果是半斤一个的要煮五小时，煮至糯米绿豆融化，即可食用。这种方法制作的裹蒸，滋味甘香甜润。上等的裹蒸，馅料更多，有冬菇、栗子、白果、烧肉、风肠、腊鸭，这种裹蒸称为"七星裹王"。也有人年节吃素，裹蒸以花生、白果、冬菇作馅，名为"上素裹蒸"，这种裹蒸也别有滋味。每到春节前夕，家家洗柊叶，户户包裹蒸，正如清代诗人王士禎所咏：

除夕浓烟笼紫陌，家家尘甑裹蒸香。

糍粑是湖北、湖南一带的年节食品。每到岁末，农家就忙着浸泡糯米，准备打糍粑。糍粑是春节期间自家品尝与待客的佳品。糍粑的加工方法是将泡好的糯米上饭甑蒸熟，然后趁热倒入石臼中，用专门的粑棍将糯米熟饭捣烂，一般由两个精壮小伙持杵有节奏地捣击，捣得越烂越好。然后取出平铺在垫有米粉的簸箕或案板上，摊平，待冷却后，再切成圆形或长方形，留待日后食用。糍粑的食用各种各样，最好吃的方式，是吃新鲜糍粑。刚捣出的热糍粑晶莹松软，蘸上炒熟捣碎的芝麻粉，热乎乎、香喷喷。晾干的糍粑有三种好吃的方法：一是用火烤。大年期间家人围炉夜话，顺便烤一块糍粑，糍粑受热慢慢膨胀，一会儿就可食用。另一种方法是油煎糍粑。将糍粑切成小块，放在热锅中油煎，将糍粑煎成两面金黄，放入适量的糖水，也可以在糍粑起锅后，蘸上白糖，这样的糍粑香甜可口。再一种是水煮糍粑。鄂东农村过年待客，请人吃一碗糍粑面条，既实惠又美味。过年的糍粑不易保存，唯有放在清水中可以保存半月以上，需要注意的是要经常换水，这样才能保持糍粑的新鲜。

年节中人们较多制作易于保存的油炸食品与炒货，如炸麻花、炒花生、薯片等，如湖北人腊月中下旬开始，无论城乡，家家户户做炒货，名为"炒腊锅"。

年节糖果是必备的，因为小孩儿到家里拜年，一定要用糖果等招待。旧时北京过大年，无论贫富家家都要预备的一种食品，名叫"杂拌儿"。"杂拌儿"是一些甜的干果、芝麻糖等的混合，据邓云乡《增补〈燕京乡土记〉》，大体上有瓜条、青梅、蜜枣、山楂糕、花生粘、核桃粘、麻片、寸金糖、豆沙馅芝麻糖、雪花馅麻糖、油枣、枇杷条、小开口笑、糖莲子、米花糖、虎皮花生、虎皮杏仁等。

新年新岁，要喜气洋洋，"杂拌儿"在色彩上显示了这点，红的是山楂糕，绿的是青梅，金黄的是开口

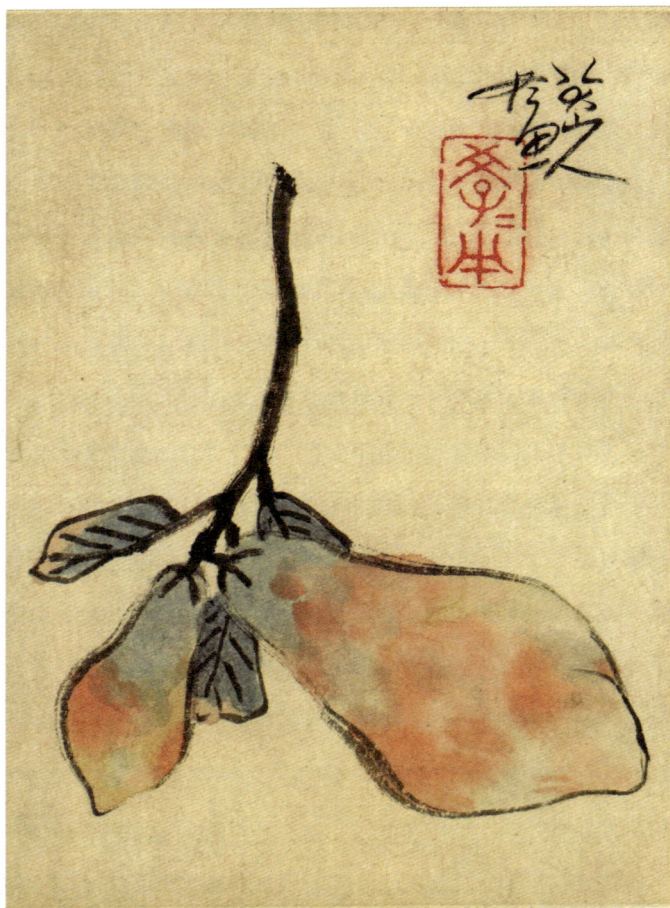

〔清〕朱耷《木瓜图页》

笑、油枣，粉红的是染了色的花生粘、核桃粘，不但色彩鲜嫩，而且吃起来亦又香、又甜、又脆。

当然，年节食品中最重要的是猪肉，民间过年一定要有猪肉，不仅年夜饭要作为主菜，同时要用猪头作为供奉的祭品。许多人家养有年猪，等到年底宰杀。年底几天杀猪的屠夫最忙碌，东家请西家接，忙得不亦乐乎。湖南桃花江一带谓杀年猪为"宰年宝"。湖北东部杀年猪，称为"福猪"，杀猪那天主人家要请四邻喝猪血酒，席上一定要吃猪血食品。没有养猪的人家到年集上买年肉。人们除了留下猪头与几块过年期间食用的猪肉外，其他都用腊水加盐腌制，然后起卤风干，湖南、湖北是用松柴或茯苓皮熏干作为腊肉，留待日后待客或自己享用。旧时农村富裕人家的腊肉可以从年头吃到年尾，一般人家在夏季农忙时还用腊肉招待帮工者，吃了大块腊肉，干起活儿更有劲。

二十七，洗疚疾

忙完了年节食品的准备工作，人们开始要沐浴斋戒迎接新年了。沐浴祛秽是旧时年节的重要习俗之一。在年节过渡仪式中，为了将过渡时间变成特殊的净化阶段，人们不仅以驱邪、送神的形式实现时空净化，就是人体自身也需要洁净，以除旧迎新。除日前的洗浴、祛秽习俗，来源于上古祭祀前的斋戒沐浴。

《帝京岁时纪胜》记载了清代民间岁暮沐浴的习俗，时间一般在腊月二十七、二十八日，北京俗谚：

> 二十七，洗疚疾；二十八，洗邋遢。

这种俗谚在今天的湖北东部仍然流行，人们禁忌腊月二十九日洗澡，俗谚有：

> 二十九，洗老狗。

湖北西部鹤峰人在除日"浴身"，称为"洗隔年尘"，也称"洗邋遢"。土家族人在腊月二十八将被子、衣物全部洗干净，全家老少用艾蒿煎水洗澡。

江苏常州人在腊月二十六日洗澡，称为"洗福禄"，二十七日夜浴，"谓洗啾唧，祓（fú）除之意也"。清人赵怀玉《洗啾唧词》云：

> 岁即阑，洗啾唧，今夕何期，腊月廿七。……年年但祝身康强，蠲（juān）疴涤秽容相羊。微躯之外更何望，吟筇（qióng）收拾湖山光。吁嗟世苦不知足，不洗啾唧

洗福禄。安得清泉万斛流，缰锁尘心一湔（jiān）濯。

在赵氏看来，仅洗身躯形体还不够，不如来万斛清泉，一洗心胸，带着清新的精神迎接新年。

河南人在扫尘之后，就开始洗浴，为了提醒大家年底早点洗澡，人们也编了一首民谣：

二十四洗精神儿，二十五洗傻姑，二十六洗脚臭，二十七洗傻妮儿，二十八洗傻瓜，二十九洗傻狗。

总之，年澡是早洗的好，要不就成傻狗了。

不过据近人邓云乡说，旧时北京人在年三十晚上洗好澡，特别是商铺的小伙计和帮工、徒弟，他们一定要在年三十晚上吃祭神酒之前洗好，即使一年不洗澡，年三十的澡必洗。人们洗澡不仅是卫生，更是祭祀的需要，大年洗澡意味着洗去一年的寒酸、一年的尘垢、一年的霉气。年三十这天，北京城的大小澡堂，照例天一放亮就开始营业，一直忙到午夜过后，年初一五更天才"下吊挂"，上板休息。（《增补〈燕京乡土记〉》）

岁末人体的清洁行为是一道必备的仪式，除了洗浴之外，还有剃年头，俗谚"有钱无钱，剃头过年"。在岁末一定要剃好年头，干净过年。因此年根岁末，大小理发店到处爆满，旧时有剃头挑子上门服务，虽然手艺不是十分精巧，但胜在方便。旧俗正月是不能剃头、理发的，传说如果剃发，就会死舅舅。因为有这样的禁忌，民间一直等到二月二龙抬头后，才开始剃头。我们今天在北方还能看到这样的习惯。

另外一种是以脱去衣饰的方式祛除。元朝宫廷在十二月十六日后，选一日子，"用白黑羊毛为线，帝后及太子，自顶至手足，皆用羊毛线缠系之，坐于寝殿。蒙古巫觋（xí）念咒语，奉银槽贮火，置米糠于其中，沃以酥油，以其烟熏帝之身，断所系毛线，纳诸槽内。又以红帛长数寸，帝手裂碎之，啍之者三，并投火中。即解所服衣帽付巫觋，谓之脱旧灾、迎新福云。"（《元史·祭祀志》）

河北邯郸有丢愁帽的习俗。大年三十晚上，夜深人静时，人们携带帽子、手巾、穗子、鞋之类，走出大门百步以外扔掉，不回头张望，回家后将柴草灰横撒门口，这就意味着将"愁帽"（家中上愁的事）、"手紧"（缺钱花）、"鬼祟"（穗谐音祟）、"妖邪"（鞋谐音邪）全部丢掉，不许它们再入家门。（张文涛《邯郸民俗录存》）

在岁末，人们可以通过沐浴及其他祛秽方式，使自己面目一新，干干净净、清清爽爽迎接新年的到来。

二十八，贴花花

　　清洁沐浴之后，人们就要装点门庭，所谓"二十八，贴花花"。贴花花，包括春联、门笺、年画、窗花剪纸等。旧时的窗户多用纸糊，一年一换，大年来临，人们换上洁白的窗纸，在窗纸上贴新剪的窗花。由于窗花做工细，贴时容易损坏，所以一般由女性来贴。窗花色彩艳丽，构思精巧，是技艺、审美与情感相结合的民俗艺术品，喜庆又漂亮；与窗花相匹配的还有一种状如小幡的"长笺"。长笺也是用各种颜料浸染而成，颜色多为红、绿、黄，十分鲜艳。当地人认为，之所以叫"长笺"，是希望"长钱"，也就是希望家里常有余钱。刻有图案或文字的长笺，迎风飘舞，与春联、门神画等交相映衬。窗花、门联、挂笺等张贴的时间是从二十八开始，有的地方大年三十早上贴。为了营造红红火火、喜庆吉祥的新年气氛，人们在室内室外尽情装饰，将习以为常的日常生活空间营造成超凡的非常节日空间，正所谓：

　　　　油花窗纸换，扫舍又新年。
　　　　户写宜春字，囊分压岁钱。(《燕都杂咏》)

　　年节环境装饰中，最重视家宅大门的装饰。门饰历史久远，

过去窗花剪纸中的常见形象

它源于古人的信仰观念。古人认为人居空间是与外在的神秘空间隔离的自我保护空间，门户是唯一与外界交通的孔道，为了防止外来的侵袭，驱邪避灾，人们要挂桃符、贴门神。门同时还是迎新纳福的通道，所以，人们在新年之际，重视门的美饰。

　　我们先说门神，最早的门神是桃木刻成的偶人，这在先秦时期已经出现。汉代门神已演变为两个人形图像，他们的名字分别是神荼、郁垒。传说神荼、郁垒是两兄弟，住在度朔山的大桃树上，专门负责捉拿祸害人间的恶鬼。因为他俩十分神异，后来人们就将他们的形象画在门户上，也就是门神画，门神画在汉代就已经出现。门神在后代不断增加，主要的有钟馗、秦叔宝、尉迟敬德几位。

　　钟馗是一位具有正义感的大鬼王。传说唐开元年间，玄宗犯疟疾将近月余，巫医束手。有一晚，玄宗梦见两鬼，一大一小。小鬼穿绛红色的衣衫，短裤，光着一只脚，腰插一纸扇，偷了杨贵妃的紫香囊和玄宗的玉笛，绕殿而奔。这时一个头戴帽子、身穿蓝色衣裳、裸露一臂、脚蹬短靴的大鬼，抓住了小鬼，挖了他的眼睛然后吃掉了他。玄宗问大鬼："尔何人也？"大鬼奏曰："臣钟馗氏，即武举不捷之士也。誓与陛下除天下之妖孽。"钟馗说自己是武举不中之人，死后仍要尽忠圣上。唐玄宗一梦醒来，疾病顿愈，身体比以前更好了，于是诏画工吴道子，据梦中印象画了一幅《钟馗捉鬼图》。为了表彰钟馗打鬼功劳，还特地下诏："烈士除妖，实须称奖。因图异状，颁显有司。岁暮驱除，可宜遍识。以祛邪魅，兼静妖氛。仍告天下，悉令知委。"钟馗经皇帝这样一宣传声名大振，成为唐朝岁末驱邪的鬼王。

　　宋朝皇帝命画工将钟馗像刻版印刷，在岁除夜赐给宫内人员。（沈括《梦溪笔谈·补笔谈》卷三）

对于钟馗的来历，有人提出疑问，在开元之前，已经有钟馗之名。有人考证，钟馗源自"终葵"，终与葵的连读为"椎"，椎是大木棒，古代齐国人就将木棒名为"终葵"。人们用终葵打鬼，后来逐渐将打鬼工具人格化，出现了钟馗的传说。唐朝开元年间，又有了钟馗的画像，钟馗成为除夕的门神。清人卢毓嵩《钟馗图》诗咏钟馗形象：

> 绿袍乌帽吉莫靴，知是终南山里客。
>
> 眼如点漆发如虬，唇如腥红髯如戟。
>
> 看彻人间索索徒，不食烟霞食鬼伯。

秦叔宝、尉迟敬德是唐朝开国功臣，二人成为门神，也是因为他们威震鬼邪的英名。民间传说经历了隋末唐初的残酷战争之后，唐太宗经常梦见鬼魅在寝殿门外呼号，晚上不能安睡，于是让秦琼和尉迟敬德晚上站在寝殿之外，为其守门。此后，太宗果然没有再受到鬼魅侵扰。后来人们就将他们两人的画像挂在门上，用来驱鬼，二人因此成为民间通行的门神。后人将秦叔宝、尉迟敬德画像用纸彩印，年年除夕贴在门上。

当然，人们也没有忘记钟馗，至今三位门神仍存于民间。人们在单扇门户上贴钟馗，在双扇门上贴秦叔宝、尉迟敬德，也有人还传承最古老的门神，径直在两扇门上分别写神荼、郁垒两位门神的名字。

门神画后来扩大绘画题材，变成年节时期装饰屋宇、增添喜气的年画。《东京梦华录》卷十描述了北宋开封的年节市场：

> 近岁节，市井皆印卖门神、钟馗、桃板、桃符，
> 及财门钝驴、回头鹿马、天行帖子。

其中门神、钟馗、财门钝驴、回头鹿马、天行帖子等就是当时典型的年画题材。古代门神画中多画鹿、喜、宝马、瓶、鞍等象征物，"皆取美名，以迎嘉祉"。门神自汉至唐一脉相承，有《咏门神》诗曰：

> 金碧家家灿，迁除岁岁忙。
> 侯封沿汉号，剑佩俨唐装。

明代北京宫廷、浙江杭州过年都贴钟馗、福神、和合二仙等年画。清代苏州桃花坞门神画，"彩画五色"，多绘温元帅、岳元帅，而且多由远方商贩运往外地。天津宝坻人在扫舍之后，就贴年画，当地小儿最喜欢贴年画，年画的题材有《孝顺图》《庄稼忙》等，大人给小儿解说年画，寓教于乐。如《乡言解颐》作者李光庭所咏：

〔明〕王问《和合二仙图》

依旧葫芦样，春从画里归。

手无寒具碍，心与卧游违。

赚得儿童喜，能生蓬荜辉。

耕桑图最好，仿佛一家肥。

"年画"一词正式出现就是在《乡言解颐》一书中。

最早的年画印制基地大约是开封及开封附近的朱仙镇，朱仙镇的年画至今仍保留着古朴的民间传统。江苏苏州桃花坞、四川的绵竹、山东潍坊、天津杨柳青、河北武强都是近世以来著名的年画产地。年画题材广泛，喜庆吉祥是其共同的主题，如鲤鱼跳龙门、连年有余、金玉满堂、岁寒三友、福禄寿、群仙赐福、天官赐福、招财进宝、文武财神、摇钱树、龙凤呈祥、天仙送子、榴开百子、新春大吉等都很常见。民间年画还是历史传说、民间故事的有效载体，常见的有：哪吒闹海、长坂坡、空城计、秦琼卖马、四平山、罗通扫北、西厢记、三娘教子、盗仙草、天河配、王小赶脚、钟馗嫁妹、老鼠娶亲、三岔口、忠义堂、文姬归汉、梁祝因缘、铡美案、魁星点斗、刘海戏金蟾等，多图画生动，情趣盎然。

年画作为民间的艺术，与民众的生活息息相关。随着时代的不断发展，人们在继承传统年画题材的基础上，创造了许多反映当时社会生活的新年画，如骑车仕女、抗战门神等。清光绪二十四年（1898），杨柳青的齐健隆画店印制了一种宣传办学堂、满汉平等之类内容的"改良年画"。民国初年，上海商人郑曼陀将月历和年画二者结合起来，选用传统年画或新式风情为题材，画有公历纪元和农历的月份，名为"月历牌年画"，这是年画的一种新形式，后来发展成为当代广泛通行的新年挂历。我国传统的年画多为木刻水印，线条单纯，色彩鲜明，画面热闹。中华人民共和国成立以来的新年画，在传统的基础上，推陈出新，丰富多彩，仍受群众喜爱。

桃板、桃符以及后来普遍出现的春联是新年大门的重要饰物。宋代以前门口悬挂的是桃符，桃符上写有辟邪祈福字样，桃符一年更换或刷新一次。有王安石《元日》诗作为证：

爆竹声中一岁除，春风送暖入屠苏。

千门万户瞳瞳日，总把新桃换旧符。

随着时代的变化，人们要表达的意愿越来越多，在桃符上的字也就越写越长，逐渐形成了对仗工整的吉祥联语。于是出现了春联这一新年门饰。相传五代后蜀国主孟昶是第一副名联的作者，由他撰写的"新年纳余庆，嘉节号长春"的联语，开创了春联这一雅俗共赏的文学新体裁（敦煌文书中有类似后世春联对仗工整的文字，年代更早，但是否为年节春联，还难确定）。古代还有一种"宜春帖"，原来是立春时写的单句的吉利话，贴在门楣上。这也是春节贴春联的来源之一。明朝之后，过年贴春联成为普遍的民俗习惯。

春联起源虽然是在唐末五代，但纸质春联的普及应该是在明清时期。清人陈尚古《簪云楼杂说》记载，明太祖朱元璋特别重视过年贴春联，在定都金陵之后，除夕之前，传旨公卿士庶家，"门上须加春联一副"。明太祖微服出行，见一人家没有贴春联，经询问，原来是一个不识字的阉猪佬，他还没有请人写春联。明太祖一高兴，就挥笔写下了如下联句：

双手劈开生死路，一刀割下是非根。

这虽然属于民间传说，但也说明明代春联比前代普及。以春联表达主人的心境亦是古代联俗的传统。

苏州人夏愈是明代吏部小官，"清介而贫"。除夕，邀同乡学士钱溥和朋友沈粲在家中聚会，照例"当作一春联"，求沈粲写之，沈曰"座上无毡，且喜心安身内乐"，正构思下句，夏愈当即云："吾已得之矣。"对曰："门前有粟，谁怜眼饱肚中饥。"因为夏家正对粮仓而居。钱溥闻此言后在新正三日，送来六十石米，

以周济夏愈。（李诩《戒庵老人漫笔》卷一）

从除夕夜当作春联的叙述中，可见当时撰写春联成为重要年俗。明人刘侗等所写的《帝京景物略·元旦作》有：

东风剪剪拂人低，巧撰春联户户齐。

年节中家家户户都要贴春联，并且一般讲究寓意吉祥，对仗工整。

明朝人按照习惯仍有将桃符指春联的，比如明嘉靖时期的大臣赵文华在改岁时，自书桃符云："仗钺专征，万里平南之府；鸣珂入相，一心拱北之家。"因此遭到严嵩的嫉恨。传统的桃符板在明朝与春帖、春联并行，年节"大门换新桃符"，是当时迎接新年的典型民俗之一。在清代随着春联习俗对民众生活影响的深入，迎新春联替代了桃符，所以《燕京岁时记》说：

春联者，即桃符也。

光绪年间《德安府志》云：

（除夕）家家大门贴神荼、郁垒，曰门神，并以红笺书吉语，曰春联。

从桃符到春联，不仅仅是物质形态的变化，其实也是社会精神演进的标志。桃符重在驱邪，春联意在求吉，形制的变化也反映了民众心态的变化。

清代北京从进入腊月开始，就有文人墨客在市场店铺的屋檐下，摆开桌案，名曰"书春""书红""借纸学书""点染年华"等，一些读书人借给人书写春联，赚些润笔钱。在祭灶之后，人家就开始陆续黏挂，千门万户，焕然一新。北京大小四合院旧时都有门联，这种门联用油漆写在门扇上，过年时再用油漆重新刷一遍，性质如同春联。联语大都为"忠厚传家久，诗书继世长""家吉征祥瑞，居安享太平"一类。

苏州人岁暮时节，更换春帖。清初钮玉樵《觚剩续编》说：

吴俗每逢改岁，必更易红笺，以吉语书门。

这一习俗传承到晚清更为兴旺，在除夕前数天，街市上有专门写卖春联的，并在门口挂起"春联处"的招牌。春联内容多写"千金百顺""宜春迪吉""一财二喜"以及"家声世泽"诸语；有的集录古代诗文佳句，如"物华天宝，人杰地灵""天恩春浩荡，文治日光华""向阳门第春常在，积善人家庆有余"

〔清〕佚名《升平乐事图册·放鞭炮》

等。这样求吉祈祥的联语是"岁岁用之，比屋皆然"。（袁景澜《吴郡岁华纪丽》卷十二）

湖北西部的土家人家家户户过年贴春联，田泰斗《竹枝词》：

岁月匆匆又一年，家家户户贴春联。

娇女笑向阿爷问，爆竹花灯办可全。

当代城市、农村新年还流行贴春联的习俗。目前的春联一般是对偶的上下二联，写在红纸上，贴于门户两边，字数一般在三字以上不等。春联讲究平仄格律，结构对称，对仗工整。门联有上下之分，一般说来，以末字音律判断，仄音为上联，平音为下联。上联贴在门左，下联贴在门右。也有人以门楣横批的首字左右位置确定上下联语的位置。对联多吉祥语，如"爆竹一声除旧岁，桃符万户迎新年""天增岁月人增寿，春满乾坤福满门""生意兴隆通四海，财源茂盛达三江""时雨染成千里绿，春光不让一人闲"，等等。横批一般为四字吉语，如"喜迎新春""紫气东来""万象皆春"之类。

北方人过年不仅在大门上贴春联，还在室外墙壁、器物上贴各种福条、春条，如墙上有"抬头见喜"，衣柜上有"衣服满箱"，床头上贴"身体平安"；在室外的牛栏猪圈贴"六畜兴旺"，在石碾上贴"青龙大吉"，在大车上贴"日行千里，夜行八百"，有人曾以玩笑的口吻，在大车门上书写了这样一副联语："吃草吃麸还吃料，拉人拉水不拉钱。"

春节必贴大红春联，但也有例外，福建云霄除红纸春联外，还有极少见的白头春联。

白头春联是在对联顶端留长二三寸白纸额头的对联，据说它与清初闽人抗清有关。其时清军入关，立足未稳，颁行"留头不留发，留发不留头"的法令，闽人不肯剃发，被杀者甚多，办丧事者家家贴白联，因为守孝人家，过年不能贴红对联。地方官府为粉饰太平，强令贴红纸春联，否则斩首。人们只得遵命贴红联，却有意在顶端留出一小段原有白联的纸头，以示抗议，后世相沿成为节俗。

清代宫廷的春联是用白纸书写，因为宫中的大门都是红色，红白相映，更令人瞩目。

团年、守岁

当春联、窗花贴满千门万户时，年节的高潮也就到来。大年三十，在中国人生活中有着特殊的位置。虽然在北国地区有时这一时节还霜雪满天，但在中国人心中，这是一个无比温情的日子。就连叫花子，也有三天年。我们可以穷一年，但不能穷这一天；我们可以勤劳三百六十四天，但也要休憩今日；我们可以在一年中东奔西走，四处漂荡，但这天必须回家，"一年不赶，赶年三十晚"，只有回到了乡里庐墓之地，回到父母的身边，我们的灵魂才得以安顿。也只有在大年三十的晚上我们才能深刻地体味"一年将尽夜，万里未归人"这句诗的动人魅力。

除夕谢年

录自《年节习俗考全图》

年夜饭

大年三十是中国人最隆重的一个夜晚，年夜饭则是这个夜晚当中的重头戏。近年来每到农历岁暮，火车、汽车、飞机、轮船，海陆空立体交通体系全面繁忙，到处人如潮涌，大家急忙忙地赶路，就是为了一顿年夜饭。年夜饭的文化魅力确实惊人，由年夜饭而促成的近二十亿人次的大流动，带来的不仅仅是交通压力，从经济学上看也是假日经济的巨大成功。

中国人从有"年"的概念开始，就有了年夜饭，年夜饭来源于古代的年终祭祀仪礼。"年"是丰收的标志，上古社会，人们种植的庄稼丰收了，就要感谢神灵的赐予，感谢的形式就是祭祀，祭品自然是收获的食物。古代年终大祭是蜡祭，用食品祭祀百神。随着家族社会的发展，多神祭祀逐渐演变为以祭祀祖先为主的腊日之祭，人们杀猪宰羊，就是为了祭祀祖先。正如前引《诗经·豳风·七月》中"跻彼公堂，称彼兕觥，万寿无疆"的描写，这里的公堂大概也就是后来汉代《四民月令》中所说的供奉先祖牌位的祖屋，人们在此饮宴团聚。

中国人的年夜饭是家人的团圆聚餐。这顿一年中最丰盛的晚餐，是人神共进的晚餐。逝去的各位亲人都被主人——招呼、请回。只有等各位先人用过年夜饭之后，人们才开始享用。

年饭一定要全家人同吃，哪怕你一年都下馆子，但年夜饭必须回家吃，这是在祖先牌位下与亲人的聚会。年夜饭的意义在这里不仅仅是物质享受，更重要的是精神的聚餐。万一因为特殊事情不能回家，也要在吃饭时摆上他的座位，放好筷子等餐具，给他盛上一份饭，说："这是你的饭，希望你在他乡平安无事，也能吃上和家乡一样的饭。"表示他也参加了一年一度的家庭团圆聚会。"一年将尽夜，万里未归人"，在传统社会是非常令人感喟的事情，今天又何尝不是如此呢？所以军队、学校每到大年三十都要给留守的军人与因故不能回家的同学备上一顿丰盛的年夜饭。

年夜饭，又叫年羹饭、年更饭、分岁筵、团年饭等。明清时期"合家聚饮"称为"分岁"或"团年"。明代北京人在二十四日祭灶后，各家皆蒸点心，储备肉类，准备二十天的食品消费。三十日岁暮，即互相拜祝，名为"辞旧岁"，人们"大饮大嚼，鼓乐喧阗"以庆贺。杭州人在上祀祖先之后，"家人父子群聚欢宴，祝颂而散，谓之分岁"。

传统的年夜饭，菜肴充满寓意。《金陵岁时记》记载了南京人除夕的"十景菜"，人们以酱姜、瓜、胡萝卜、金针菜、木耳、冬笋、白芹、酱油干、百叶、面筋十种[1]，细切成丝，以油炒之，谓之"十景"。还有干马齿苋做的安乐菜、黄豆芽做的如意菜等，

1　金针菜，即黄花菜。百叶，传统豆制品，也称豆腐皮、千张。

都取其吉祥之义。苏州人年夜饭，俗称"合家欢"。在年夜饭的菜肴中同样也有安乐菜，不过它是用风干的茄蒂杂拌其他果蔬做成的。人们吃年夜饭，下箸必先此品，以求吉祥。周宗泰《姑苏竹枝词》云：

妻孥（nú）一室话团圞（luán），鱼肉瓜茄杂果盘。

下箸频教听谶语，家家家里合家欢。

（《清嘉录》卷十二）

中国南方地区的年夜饭有两样菜不可少，一是头尾完整的鱼，象征年年有余；二是丸子，南方俗称圆子，象征团团圆圆。旧时山区穷人弄条鱼过年不容易，有的地方就要用一条雕刻的木鱼代替。现在有人发明了新的年鱼菜，这就是以糯米为原料的糍粑鱼。糍粑鱼不仅形象生动，而且味道甜美。

在闽南，年夜饭是家庭亲情、希望的集中表达，许多食品是特地为过年而做，有象征意义，一些菜品不可少且不可不吃：韭菜，韭菜是新春尝新之物，也是初春祭祀神灵的时新供品。后代重视"韭"与"久"谐音，寓意年寿长久。家人拥炉围桌而坐，长辈念着"韭菜春，吃有剩（春）"，带头先吃一撮韭菜，全家跟着动箸吃韭菜，边品尝佳肴，边互相祝福，其乐融融。这大约是《诗经·豳风·七月》中上古岁末"献羔祭韭"场景的现代版。豆腐，"豆腐"与"斗富"谐音，寓意丰裕富足，民间有"韭菜春，豆腐福"之说。芥菜或菠菜做的长年菜，表示长寿。萝卜，闽南语叫"菜头"，与"彩头"谐音，寓意好兆头。竹笋，寓意节节高。肉圆（丸）、鱼圆（丸）加上家人团圆，合称"三圆"。还有用整只鸡做年夜饭的菜肴，闽南语"鸡"与"家"谐音，表示全家福。油炸品，寓意兴旺等，不胜枚举。饭后来些甜品，寓意生活甜蜜；吃些柑橘，寓意吉祥如意；啃些甘蔗，寓意节节甘甜、步步高升。旧俗，还将蚶壳撒放于门后或床下，同时念"掀（撒）蚶壳钱，明年大趁（赚）钱"，到初五才扫出，象征明年发财、金银满屋，此俗今少见。

北京人传统的年夜饭中必定有荸荠，谐音"必齐"，就是说家人一定要齐整。年饭菜肴求吉的象征意义很早就有了，汉朝应劭的《风俗通义》佚文中说过，秦朝人过年一定要吃兔子的髌骨，谁吃到了，谁就获得吉兆，意味着人们在下年可免膑刑之灾。有的地方年夜饭禁吃鸡肉，"鸡"谐音"饥"，说这时吃鸡，来年就会闹饥荒。

年夜饭中酒肉是基本的饮食内容。"相聚酣饮"是人们过年的场景，古代人的年酒必定在冬季酿好，称为腊酒；年肉也是冬至之后腌制的腊肉，祭过祖先、社庙后的猪头，是年饭的主食肉品。传统社会中的杀猪过年，就是为了人神的共享。

年夜饭当然有南北的地域差异，南方除了菜肴外，要吃糍

童嬉庭院
借丝梅素
色佳艺谏
意诚合阁
幸少者怀
丁巳新正
御题

〔清〕金廷标《岁朝图》

粑或年糕，北方则吃饺子。

饺子在中国起源很早，可能是从馄饨中分化出来的节日食品。馄饨是中国古代冬至年节的节令食品，正月初一作为岁首后，冬至的节令食品也就迁移过来，作为岁首的应时食品。饺子最早出现于南北朝时期。元明时代称饺子为"扁食"，清代称为"饽饽"，除夕包水饺，称为"煮饽饽"。天津宝坻乡下民谣云：

夏令去，秋季过，年节又要奉婆婆。快包煮饽饽。
皮儿薄，馅儿多，婆婆吃了笑呵呵。媳妇费张罗。

街市人除夕辞岁后就休息，五更起来，祀神烧纸，吃水饺；乡村人则终夜不睡，五更烧纸，吃了煮饽饽便睡，说这样就会一年安饱。

饺子成为北方大年的标志食品，一方面因为饺子本身的美味，在生活并不富裕的传统社会，普通人平日难得吃上一顿白面大馅的饺子，所以过年饺子被认为是最好的食品。更重要的原因是：饺子具有文化象征意义，饺子是时间变化的象征物，在民俗观念中，新旧年度的时间交替在午夜子时（大致相当于晚上零点前后），在除夕与新年交替之际，全家吃饺子以应"更岁交子"的时间节点，表示辞旧迎新。又因为白面饺子形状像银元宝，一盆盆端上桌，有"新年大发财，元宝滚进来"的象征意义。

　　饺子成为年节食品后，无论是在制作方法还是用料上都更加讲究。饺子味道的关键是馅，馅有荤素两种，过年饺子一般是荤素搭配，讲究用猪肉或羊肉与大白菜混合剁成。剁馅的过程是菜刀与菜板不断碰撞发出有节奏声音的过程，全村或全胡同的人在同一时间，重复着同一动作，由剁馅声音组合成年节进行曲。肉加菜调馅，谐音"有财"，如果剁馅长而且响亮，就意味着"长久有余财"，说明主人家年节准备充分，日子红火富有。相反，旧时穷人家到年三十晚上还不知道年菜在哪里，但又怕自己家中没有砧板声，惹人笑话，便拿着刀斩空砧板，一边菜刀噔噔地斩，一边眼泪潸潸地落。这是邓云乡小时听母亲讲述的老北京底层社会的故事。为了添加节日的生活情趣，有的地方在包饺子时，还在饺子中加入糖块、花生、枣，乃至银币等物，谁吃到什么馅的饺子，谁就获得什么样的吉兆：吃到糖块标志着生活甜如蜜；吃到花生预示其长生不老；吃到枣子意为早得子嗣；吃到银币者新年自然有好的财运。

　　包饺子也有讲究。大多数地区习惯保持传统的弯月形。这种形状在包制时，是把面皮对折后，用右手的拇指和食指沿半圆形边缘捏制而成，要捏细捏匀，谓之"捏福"。有的农家，把捏成弯月形的饺子两角对拉捏在一起，呈"元宝"形，摆在盖帘上，象征着财富遍地，金银满屋。也有的农家，将饺子捏上麦穗形花纹，像一棵棵颗粒饱满、硕大无比的麦穗，象征着新的一年会五谷丰登。但更多的是把饺子包成几种形状，预示着来年能财满屋、粮满仓，生活蒸蒸日上。

大年夜包饺子都是全家齐上阵，既能在共同的劳动中沟通感情，也烘托了热烈的年节气氛。

到了年三十，奶奶和面，哥哥拌馅。面要和得硬，醒上半天，润透了才能揪剂子擀皮儿。肉要剁得细，还要加水打匀了，再拌上剁碎的菜。不管是白菜萝卜还是豆腐粉丝。然后一家人团团坐下来，一边包饺子一边守岁。天天忙于工作，一年难得见到几回面的妈妈也回来了，看她擀皮就像欣赏艺术表演。两只手抓住面杖，一手轻，一手重，饺子皮自个儿滴溜溜地转，一会儿就是一张。中间厚，边上薄，那个圆呀，和十五的月亮也差不多。孩子们也毛手毛脚地瞎帮忙，一起动手包饺子。有的像妈妈包的那样，边儿捏得薄薄的，中间鼓着肚子，站在那里神气活现。有的像奶奶包的那样，捏上一圈花边，坐那儿秀秀气气。还有孩子们自己的创作，一个个扁扁地躺在那儿站不起来。虽然奶奶也管饺子叫扁食，可是扁成那个模样，就成了受人讥笑的小老鼠儿。（凡

草《身居海外心念故土　煮一锅乡愁》)

包好饺子后，饺子的摆放也有说法。年三十的饺子不能乱放，俗话说：

千忙万忙，不让饺子乱行。

山东人用圆形器皿盛放饺子，从中间开始，中间是元宝形的大饺子，然后围绕着它一圈圈摆放，称为"圈福"。有的人家在摆放数字上有讲究，无论容器大小，都摆放九十九个饺子，象征"久久福不尽"。在黑龙江，饺子则不能摆成圆圈，说那样会将日子越过越死。他们将饺子摆成行，四方通畅，以冀财运亨通。各地年节摆放饺子的民俗虽然不同，但祈求吉祥的心情是一样的。(此节参考赵建民《中国人的美食——饺子》)

农家饺子下锅煮时也有说法，要用豆秸秆、芝麻秆做燃料，火越烧越旺。山东高密俗谚：

烧豆秸，出秀才。

饺子煮破了，不能说"破"了、"烂"了，应该说"挣"了、"涨"了。

除夕的饺子旧时还能帮穷苦人躲债呢。俗话说"要命的关东糖，救命的煮饽饽"，说的是年底过了腊月二十三逼债的人很多，但到年夜三十吃过饺子，催债的人就不能再逼债了，否则就对自己不利。穷人可以借着这一民俗禁忌躲过年关。

年夜饭的时间，现代一般在除夕的晚上，但也有例外，如湖北有的地方就在早上吃团年饭。鄂东黄冈人大都如此，笔者幼时经常清早起来吃年饭，现在返乡过年，还常在梦中就听到乡邻人家早上吃团年饭的鞭炮声。鄂西竹山曾经有相当多的鄂东黄州府移民，他们保持本乡早晨吃年饭的习惯，当地有俗语专门说这一习俗：

鸡不叫，狗不咬，半夜团年黄州佬。

在湖北等地，除夕一般要做好几天的饭食，称为"宿岁饭""压甑饭"或"隔年陈"，表示粮食富余，新陈相续。苏州人也做隔年饭，煮饭时盛在新竹笋中，放红橘、乌菱、荸荠等果品及元宝糕，并在上面插松柏枝，陈列中堂，到新年时蒸食，"取有余粮之意，名曰年饭"。

在台湾地区，人们的年夜饭必须在家里吃，即使那些实在没有精力准备的大忙人，他们不得已在餐馆订餐，也得让店家将饭菜送到家里，在家享用，这才算得上是过年。

叁　春节习俗深描

137

压岁钱

吃完年夜饭，就发压岁钱。压岁钱是小儿新年最盼望的礼物，有一首诗形象地记述了清代杭州小儿获得压岁钱的欢乐情景：

百十钱穿彩线长，分来枕再自收藏。

商量爆竹谈箫价，添得娇儿一夜忙。（吴存楷《江乡节物诗》）

压岁钱，年俗节物之一，又称押岁钱、压祟钱、守岁钱等。除夕夜吃完年夜饭，长辈要给小辈压岁钱，以祝福晚辈平安度岁。压岁钱相传起源较早，但真正流行是在明清时期。压岁钱有特制钱与一般通行钱两种。特制的压岁钱是仿制品，它的材料或铜或铁，形状或方或长。据宋人王黼（fú）《宣和博古图录》，"钱形长而方，上面龙马并著，俗谓佩此能驱邪镇魅"。钱上一般刻有"吉祥如意""福禄寿喜""长命百岁"等。

明清时期通常用流通的银钱做压岁钱。这种压岁钱，有直接给予晚辈的，有的是在晚辈睡下后，放置其床脚或枕边，意义在于压胜。清代钱沃臣《压岁钱》诗注中说，俗以五色线穿青钱，排结花样，送给儿童压胜，名为"压岁钱"。

〔清〕徐冈《三星图》

老人分岁浑无事，手数孙曾压岁钱。

北京人除了尊长赐给小儿压岁钱外，还用彩绳穿钱，编作龙形，置于床脚，给家人压岁。河南小儿通常将压岁钱系于腰间，称为"压腰钱"。湖北小儿则以红绳穿大钱挂于胸襟，称"压岁钱"。钱数多少不一，在苏州以红绳缀百钱作为长辈给小儿的压岁钱。杭州民俗，"儿童度岁，长者与以钱，惯用红，置之卧所，曰压岁钱。"（《江乡节物诗》小引）以五色线或红绳串铜钱压岁，它强调的是压岁钱的祝福意义。同时由于这时用流通的制钱给小儿压岁，因此压岁钱给小儿带来了自主消费的愉悦，这种情形大约是明清以后才有的新现象，它开启了压岁钱由信仰功能向节日经济功能转变的趋势，这是值得注意的民俗变化动向。

明朝宫中除夕在床上悬挂金银八宝、西番经轮，或者编结黄钱如龙形。这都是压岁之物。跟压岁有关的还有压岁盘、压岁果子，苏州人团年后以糕点果品互相馈赠，称为"压岁盘"；将橘子、荔枝诸果品放置于枕边，称为"压岁果子"。元旦时食用，取其谐音"吉利"，以求新年好运。

民国以后，各钱铺年终特别开红纸零票，以备人们作压岁钱支用。当时还流行用红纸包一百文铜圆，寓"长命百岁"之意；给已成年的晚辈压岁钱，红纸包的是一枚大洋，象征"财源茂盛""一本万利"。使用现代纸钞票后，家长们则喜欢选用号码相连的新钞票，预兆着后代"连连发财""连连高升"。而红纸包钞票，这种压岁钱称为"利市红包"。旧时压岁钱是由家长给自己的子孙，现在亲戚朋友也给孩子压岁钱，而且压岁钱的分量越来越重。

北京房山人过年期间，长辈都要给小孩子们压岁钱，压岁钱又叫添岁钱，表达了长辈让晚辈这一年平平安安的愿望。按照习俗新媳妇、新女婿都要到双方父母及亲戚家拜新年。拜新年时都要带着礼物，长辈们都要给压岁钱。压岁钱数额不等，过去有一分、二分、五分的，现在有的十元、二十元、五十元、一百元、二百元不等。过去只有父母、祖父母、外祖父母、叔伯、姨舅等直系亲人才给压岁钱。随着社会关系的多元化，现在给压岁钱的范围扩大到了邻居、朋友、同事等，压岁钱的形式也发生了很大变化，不仅送钱，也有送书、衣服、文具、电影票及其他形式的实物。（王红利《北京房山岁时节日调查报告》）

压岁钱原本的意义是表达长辈给晚辈的祝福，它的象征意义远超其实际价值。如果我们比谁给的压岁钱多，并以此作为收受年礼的手段，那它真正是对民俗的背离，甚至还会变成一种人情负担，或者成为行贿受贿的方式之一。

守岁

年夜饭后，各家闭门守岁，全家人围坐在火炉旁边，拉家常、聊未来、谈天说地，一直聊到五更天明，迎来新岁。人们在辞旧迎新的除夕，以通宵不寐的形式守候新年的到来，称为"守岁"。

守岁的习俗在中国有近两千年的历史。晋朝人周处《风土记》中说到蜀地年俗，年末人家相互馈送年节礼物，称为"馈岁"；相互宴请，称为"别岁"；除夕通宵不眠，称为"守岁"。这是现今看到的关于守岁习俗的最早记载。但这时守岁似乎还是地方性年俗，隋唐之后，守岁成为全国的共同年俗。

唐朝有不少咏唱守岁的诗篇，杜甫《杜位宅守岁》诗云：

守岁阿戎家，椒盘已颂花。

唐太宗也有《守岁》诗：

共欢新故岁，迎送一宵中。

这种欢乐度岁的场面在宋代依然：

儿童强不睡，相守夜欢哗。（苏轼《守岁》）

孟元老在《东京梦华录·除夕》中记载当时都城开封：

士庶之家，围炉团坐，达旦不寐，谓之守岁。

明清以来守岁的习俗依然热闹而有趣味，家人团坐是守岁的主要形式。明代北京人"聚坐食饮"，人们一直坐到天明；清代北京人"高烧银烛，畅饮松醪，坐以达旦"（《帝京岁时纪胜》），其目的是祈求长命。因为是整晚不睡，人们要打起精神强坐，所以在北方俗语中称为"熬年"。民间为了阻止人们除夕睡觉，还形成了一种禁忌，说如果这晚睡觉，第二年身体就不好。在古代，守岁是为了强固身体，延年益寿，还是为父母或老人祈寿的重要方式，因此一般人都坚持守岁。

如今守岁习俗还很普遍，不过人们大都不守到天明，而是在零点新年钟声之后，才上床休息。守岁是对旧岁的辞别与对新年的守望。从古迄今人们一直将其作为辞旧迎新的重要过程。民俗主要表现在以下方面：

岁火与灯烛。除夕夜，灯火通宵不灭。即使再节约的人，除夕也要在庭院、屋中燃起岁火，点亮灯烛，为家人守岁祈福。其中大年夜的岁火十分重要，岁火，也叫燎火、旺火、松盆、年火兜（dōu），它起源于上古驱邪的仪式。民间曾经流传着年兽的说法，说有一个名叫"年"的怪兽，经常在除夕夜出来吃人。人们防止它的侵害，就紧关大门，同时因为年兽害怕红色的灯火，所以人们在门口挂上红灯笼，在庭院点燃红红的火焰，这样就保证了家人的安全。这则民间传说有着隐秘的文化含义，它其实是古代先民对过渡时间的一种看法，表达了人们在时间变换中的紧张与不安定的感觉。在漆黑的大晦之夜[1]，人们以热闹的灯火驱走黑暗，迎接新年黎明的到来。后来除夕守岁烧火点灯成为除夕守岁的重要景观。民间向有"二十的火，十五的灯"的俗谚。

南朝荆楚地方此时"爆竹、燃草"以避山鬼。隋唐守岁燎火兴旺，成为太平盛世的点缀。《太平广记》曾记述了一则隋唐宫廷除夜庭燎的奢华场景：

据说唐太宗为了显示大唐的富足安乐，在除夕夜盛饰宫廷，"设庭燎于阶下，其明如昼"。唐太宗邀请隋炀帝的萧皇后一起观看，并问这跟隋朝比，哪个场

1　夏历月终之日称晦，年终之日称大晦。

〔清〕彭元瑞编《康乾万寿灯图（之一）》

面更气派。萧皇后说：隋主每到除夜，在宫廷各院中，设火山数十座，都用沉香木，每一火山烧数车沉香木。当火焰稍暗时，就以油浇火，火焰腾起数丈高。油与沉香的香味飘到数十里外。一晚上烧沉香两百车，烧油两百石。而太宗殿前烧的是普通柴木，只觉得烟气熏人，并不觉得奢华。当时宫廷守岁的排场由此可见。

民间虽然没有宫廷奢华，但因燎火带来了更多的快乐。人们在年前就准备岁火的柴火，"拾樵供岁火，帖牖作春书"（张子容《除日》）。张说诗《岳州守岁》记楚地守岁情景：

> 除夜清樽满，寒庭燎火多。
>
> 舞衣连臂拂，醉坐合声歌。

西北秦中同样燎火祝岁，"阖门守初夜，燎火到清晨"（储光羲《秦中守岁》）。这种燎火的形式一直延续到后世。

明清时期，燎火被称为"烧松盆"。明代北京人年三十夜，用松柏枝与柴杂烧于庭院中，以祈福助兴。杭州曾是南宋都城，它的岁时文化融合南北，明代杭州仍然是著名的游赏地。除夕夜杭州烧松盆的景象非同寻常，架起齐屋高的松柴，举火焚之，"烟焰烛天，烂如霞布"。对于杭州除夕岁火的景象，明人高濂在《冬时幽赏·除夕登吴山看松盆》中有一段精彩的描述：

> 斯时，抱幽趣者，登吴山高旷，就南北望之，红光万道，炎焰火云，巷巷分歧，光为界隔，聒耳声喧，震腾远近，触目星丸，错落上下，此景是大奇观。

清代苏州乡农人家除夕夜在门首架松柴，呈井字形，齐屋高，然后举火焚之，以火焰高为吉。

传统年节中也有"燃草"迎年的。陕西合阳新年凌晨在院中"焚草爆竹"，以接天神。在当代民间，如河北蔚县，年前人们会在小院中央准备一捆易于燃烧的柴火、玉米秸秆等，旺火是在新年爆竹之后点燃，一家人要围着火堆争相烤火。人们认为，如果身体有哪个地方不舒服，烤烤旺火就会好。"点旺火"，也叫"点照天草"。据说，每年正月初一早晨五点钟，就有"九头鸟"绕着天空飞翔，边飞边"滴血"，这血落到哪家中，哪家就不吉利。因此，家家都点起"旺火"，使它见火立刻逃走。而且旺火越早越好。另一种说法是，点旺火可以使家庭发旺。点旺火时，需要上香、烧纸、响炮来敬神，还有人在火中放饺子或馒头用来敬神，人吃了这饺子、馒头就会一年不生病。

湖北西部长阳土家人的习俗与江南不大相同，他们过年备一个大树蔸，称为"火主"，足烧一夜有余，旁边还要加柴炭围烧。湖北东部乡村，除夕家家都将火塘烧得旺旺的，家人一宿围炉夜话。半夜饿了，就在炭火旁烤上糍粑。人们还以糍粑受热隆起的情形，预测家中将添丁或添女。在山西产煤区，人们在年节要点"旺火"，以上等焦炭垒成佛塔状，中间放置引火的木柴。除夕夜大家各自在门前点起旺火，光焰升腾的旺火代表了主人庆祝祈福的心情。

河北邯郸大年有另外一种习俗，就是"烧旺气"。年三十的后晌，各家要备几个树疙瘩，初一早起点着，只让其冒烟，不让其着火，从早到晚，青烟袅袅，缭绕不断，通于云天，这就是所谓旺气通天，或叫"烧旺气"，表示今后全家兴旺（张文涛《邯郸民俗录存》）。北京房山在天地爷祠堂前"炬岁"。"炬岁"时，将柏树枝插在香炉上，把干的柏树疙瘩放在天地爷祠堂的地上，用火点燃，不让有火焰，只让冒烟，祈求让天地爷给全家人增寿。现在随着人们居住条件的改善，过去的石头房、土坯房、茅草房基本退出了历史舞台，天地爷祠堂也很少见了，但是人们还保持着在原来天地爷祠堂的位置"炬岁"的习俗。这种除夕元旦烧烟通天的做法，隐约地传承着原始柴祭[1]的意义。旺气与旺火虽然形式不同，但表达的是同样的心情，在新旧时间交接过程中，祈求着未来的幸福生活。

除夕守岁，除了红红的岁火外，还有"燃灯照岁"的习俗，即大年夜遍燃灯烛。在照明设施匮乏的古代，只有重要节日才会灯光满室。明朝人在年三十夜，会把所有房子都点上灯烛，还要专门在床底点灯烛，谓之"照虚耗"，说如此照过之后，就会使来年家中财富充实。

守岁娱乐。大年夜，国人无眠，现代人有晚会用以观赏娱乐，传统社会人们主要是家人围炉夜话，但也有一些助兴与占卜的

1　古代祭礼之一种，通过烧柴祭祀上天。

〔清〕佚名《升平乐事图册·白象花灯》

游戏。最著名的游戏是藏钩，也称藏彄（kōu）。据说藏钩之戏来源于汉武帝的钩弋夫人，钩弋夫人天生手蜷曲，不能伸开，汉武帝将她娶回宫中。人们后来仿效以为藏钩的游戏。《荆楚岁时记》记载："岁前，又为藏彄之戏。"藏钩游戏就是众人手中握一物，让对方猜测物在谁手，所藏物件一般是指环之类。对于藏钩之戏的玩法，周处《风土记》中有说明，在腊日之后，老人们分成两班，一班传递手中所藏之物，另一班人猜测传于何人之手，以猜测结果定两班胜负。藏钩游戏考验的是双方传物的技巧与察言观色的辨识能力。庾阐《藏弓赋》生动地描绘了这一情形：

> 钩运掌而潜流，手乘虚而密放。
> 示微迹于可嫌，露疑似之情状。

握钩者以种种假象迷惑猜测者，以此增加游戏的趣味。唐朝时期仍然有藏钩之戏，荆州曾有一善猜藏钩的高人，名叫高映。当时段成式以五十人为一组，高不仅猜对手十中其九，并且知道自己本组藏钩之处。人们怀疑他有啥特别幻术，就去问他，他说也没有啥特殊的手段，只是仔细观察其举止表情，"若察囚视盗也"（《西阳杂俎》前集卷六）。唐朝不少人也咏唱过藏钩之戏，如李商隐"隔坐送钩春酒暖，分曹射覆蜡灯红"就是其中的佳句。宋代守岁游戏以博戏为主，"小儿女终夕博戏不寐，谓之'守岁'。"（《武林旧事》卷三）直到现代一些地区的年俗中仍有类似的博戏，如云南鹤庆人过年大家围坐，一起对着篝火唱歌，然后玩抽签、猜数字的游戏。拜年拿了红包，也用铜板来猜单双，赢者得钱。当代守岁娱乐中，成人大多玩麻将，小孩多打扑克，无论大人小孩，都乐在其中。

也有人祈祷灶神，请得出行方位后，抱镜出门，偷听市井中人无意中的说话，以卜来年运程的好坏，称为"听响卜"或

"听谶语"。这种抱镜出门"听响卜"的节俗，源于古代的"镜听"。唐朝王建有《镜听词》云：

重重摩挲嫁时镜，夫婿远行凭镜听。

宋朝陈元靓《岁时广记》对此记得十分详细。清人褚人获《坚瓠集》说：今听谶者，祷于灶神，将木勺投入锅中，随勺柄所指方向，执镜而往，谓之"响卜"，即过去的"镜听"。这种偷听人声占卜的方式是以有心听无心，人们对它充满了好奇。蒋心余《镜听》诗对此有生动的描写："匿影循墙走，寻声倚壁听。何期深夜语，都是十分灵？"

《清稗类钞》中有这样一则镜听故事：有兄弟二人，将于翌年春应童子试，为了知道自己的前程，先在除夕"镜听"。墙边竖梯一架，登上梯子，可遥听邻家人说话。其兄先登梯，嘱弟不要着急上。弟不得已，在梯下徘徊。邻家正做完佛事，道场散后，一群小儿在佛座旁喧闹。一妇人将献佛的果子准备分给他们，有小儿等不及跳到桌上来抢，妇人大叫："先上者不得，在下者有之。"兄闻此言，懊丧而下，弟懵懂不知。其后弟弟中试，兄长果真落榜。

这则故事的真假不得而知，但真切地反映了当时人们除夕预测前程的巫术活动。

值得一说的还有年关讨账的习俗，明清人以端午、中秋、除夕为三大节，人们在经济生活中也以此三节为三个账目清结日，苏州人称为"三节账"。除夕一节为年终大关节，一年的欠账，此日是最后的追讨日，到了正月就不宜讨要。因此三十夜，要债人络绎不绝，有的甚至在天明后，仍然打着灯笼到欠债人家讨债。年三十夜当铺门前质当者云集，不到天明不得关门。蔡云《吴歈》云：

> 无地堪容避债台，一年积欠一宵催。
> 店门关到质钱铺，还点灯笼走一回。

虽然催债的如索命，欠债的也自有躲避、拖延之方。旧时避债者，要么四处躲债，要么就借口应付。所以俗谚有：

> 年廿七，勿着急；年廿八，我想法；年廿九，有有有；三十不见面，元旦碰面拱拱手。

据称除夕夜时，有些寺庙通宵演戏祭神，欠债人常躲进寺庙看戏，债主不得进去索债，故称之为"避债戏"；债主若硬要到戏台下找人要债，就会引起公愤，甚至遭群众围殴，自讨没趣。岁末穷人变着法儿躲债，就盼着新年早点到来，一旦进入新年，债主就不能再讨债了，否则对主家不吉利。

人们彻夜不眠，为家人老小祈福，等着新年的到来，伴随着新年到来的是天上神仙下降凡间，开始他们与人共处的年度周期。

新年庆贺与拜年

古代社会民间计时以鸡鸣为候。鸡是古人司晨之钟，"俗说，鸡鸣将旦"，人们以鸡鸣为新一天的开始。正月初一的鸡鸣尤有意义，它召唤着新年的到来。

> 鸡者，东方之牲也。岁终更始，辨秩东作，万物触户而出。（《风俗通义》）

所以汉代在新年到来之际，以鸡祭门户。南朝因为佛教戒杀生的影响，改在门上画鸡。后人在年画中以大鸡象征"新春大吉"，就根源于此。鸡鸣标志着新年来到，人们在新年来临时要举行一系列迎新仪式。当然随着现代计时手段的变化，人们已经将新旧时间的界标确定在午夜零点。传统的"一夜连双岁，五更分二年"说法，也许修正为"一夜连双岁，零时分二年"比较恰当。

爆竹迎年

伴随除夕守岁的是爆竹与焰火，喜爱热闹是中国人的天性，在送旧迎新的日子里，人们尽情地燃放烟花爆竹。进入腊月以后，乡村社会鞭炮声音不断，并且随着大年日期的临近，鞭炮声一日紧似一日，到大年三十夜达到高潮。特别是初交子时[1]，无论城乡爆竹焰火震地映天。"爆竹声中一岁除"，人们在爆竹声中辞旧迎新。

新年爆竹起源于原始宗教信仰，人们以此驱邪祈福。民众认为，鞭炮等响声，能驱赶鬼邪，所以有的地方，称为"惊鬼"。中国人爆竹迎年的历史已近两千年。南北朝时期成书的《荆楚岁时记》已经记载：正月一日，"鸡鸣而起，先于庭前爆竹"，以驱逐山怪恶鬼。当时真的是爆竹，方法是将竹筒置于火中烧烤，竹筒受热膨胀，最后爆出声响。直到唐宋时期仍然采用这种爆竹方式。唐朝人张说在《岳州守岁》诗中说到这种天然爆竹：

1 子时，晚11至晨1点。现在是以0时为准。

桃符堪辟恶，竹爆妙惊眠。

范成大《爆竹行》记述了当时吴地爆竹鸣放的情形，为我们保留了生动的民俗资料：

岁朝爆竹传自昔，吴侬政用前五日。

食残豆粥扫罘尘，截筒五尺煨以薪。

节间汗流火力透，健仆取将仍疾走。

儿童却立避其锋，当阶击地雷霆吼。

一声两声百鬼惊，三声四声鬼巢倾。

十声百声神道宁，八方上下皆和平。

却拾焦头叠床底，犹有余威可驱疠。

吴人过年，重视腊月二十五日，在吃豆粥、扫尘埃后，将五尺长的竹筒置火中煨烤。等到竹汗溢出，有人快速取出，掷于台阶之前，爆竹声若雷霆。爆竹声不仅驱走了百鬼，而且辟出了四方安宁的和平世界。就连爆炸后的余烬，也还有驱疠的余威，人们将其收拢叠放在床底，以求睡得踏实。

宋代除了传统的天然爆竹外，还出现了火药爆竹。《东京梦华录》记载，皇帝在宝津楼观赏"诸军百戏"时，"忽作一声霹雳，谓之'爆仗'"。明确记录年节中使用爆仗的是《武林旧事》，

〔明〕袁尚统《岁朝图（局部）》

在该书"岁除"中说：至于爆仗，有做成果子、人物等不同样式。
而宫廷将爆仗做成屏风式样，外面画着钟馗捉鬼的场景，内藏
药线，一连有百余响。这是一种花色奇巧的鞭炮，并且它将
鞭炮驱逐鬼邪的意义也鲜明地体现出来。这种火药爆仗的出
现是爆竹的革命性变化，它不仅有霹雳的雷声，而且有硝烟
散出。爆仗散出的硝烟有一定的消灭空气中病菌的功效，所
以古人在瘟疫发生的时候，经常燃放爆竹。清代苏州人大年

初一要放"开门爆仗","岁朝开门，放爆竹三声，云辟疫疠"（《清嘉录》卷一）。

火药爆竹在宋元之后逐渐取代了早期的天然爆竹，明清时期纸做爆竹更加流行，人们除了以爆竹驱傩外，还用它来送神、迎神，以及接待拜年客。爆竹的声响也增添了节日气氛。明朝皇室从腊月二十四开始，直到次年正月十七日止，每日白昼在乾清宫前放花炮，遇大风则暂停半日、一日。皇帝升座，花炮伺候，皇帝回宫也放大花炮送归。民间大约放不起这样的花炮，但鞭炮是要放的，明代杭州除夕，"爆竹鼓吹之声，远近聒耳"（《熙朝乐事》）。

清代北京除夕"爆竹声如击浪轰雷，遍乎朝野"。天津南皮除夕日，爆竹驱疫，门前燎火，花炮呼噪，人们齐声叫道：

> 大户无忧，小户无忧，清平世界，百姓无愁。（光绪年间《天津府志》）

苏州过年，锣鼓敲动，街巷相闻。送神之时，多放炮仗，炮仗有单响、双响、一本万利等名。还有一种成百上千的小炮仗编在一起的长鞭，响声不绝，名为"报旺鞭"。这些鸣鞭的活动，苏州人称为"过年"，是为了答谢神灵一年的保佑，亦称"谢年"。蔡云《吴歈》云：

三牲三果赛神虔，不说赛神说过年。

一样过年分早晚，声声听取霸王鞭。

"霸王鞭"即连响的炮仗，有人说就是上面提到的"报旺鞭"，报来岁的兴旺。

近代以来，乡村春节鞭炮是年俗必有的项目，鞭炮的多少反映了主人家的实力与心情，假如过年没有爆竹声，人们就会觉得心里空荡荡的。20世纪90年代初，北京等许多城市以安全、卫生等名义禁止燃放烟花爆竹。

可喜的是2006年前后，上海、北京等城市相继改变了春节城市禁止燃放鞭炮的规定，以有限禁放（规定时间、规定地点）代替了此前完全禁放的规定，给广大市民燃放烟花爆竹庆祝春节的机会。城市春节因为有了鞭炮而热闹非凡。当除夕午夜零时中央电视台春节联欢晚会新年钟声敲响时，全国进入鼎沸状态，举国上下烟花飞舞、鞭炮齐鸣，一向矜持的中国人此刻融入狂欢的世界。人们在满天灿烂的烟花与满地红红的纸屑中，度过红红火火的中国年。

关于鞭炮，各地还有许多特有的民俗和讲究，择录河北邯郸的一则民俗如下：

春节鞭炮忌储放，春节买的鞭炮一定要在春节放

完，放不完储放起来对主家不利。邯郸有句方言"放
炮"，意思是啥事也干不成。把鞭炮储存起来就是放炮，
这意味着今年办事不顺利，所以人们忌讳储放鞭炮。
（张文涛《邯郸民俗录存》）

天地、祖先祭祀

人们在响彻云霄的鞭炮声中迎来新年，伴随着新的时间降
临的是各色神灵，旧年回天汇报的诸神，这时又带着新的使命
回到人间。为了迎接新神，各家摆起香案，虔诚祭祀。新年"进
酒降神"是汉代就有的传统，民间一直沿袭下来。

（山东蓬莱）元旦五更设燎，陈盘案，祭赛天地，
礼百神，祀先祖。灶前具香灯，谓之"接灶"。放火炮
迓岁。（康熙年间《蓬莱县志》）

天地、百神、祖先一体礼拜，灶神受到特殊对待。江苏震
泽镇迎年接神有固定的次序：

元旦，主人晨起，爆竹。洁衣冠拜天，俗谓之"接
天"；次拜灶，谓之"接灶"；次拜祠堂及先人画像。

新年人们迎回诸神，诸神的降临意味着年度时间重归人神共处的日常世界。

·拜天地

天地祭祀在古代主要是国家公祭，国家每年有冬至祭天、夏至祭地的典礼。在早期社会王朝统治者是不允许百姓祭祀天地的，所谓"绝地天通"。即使到了明朝，统治者仍然禁止民众祭祀天神，南京官员曾下令："除岁，庶民毋得焚纸祀天，糜财犯礼。"（《客座赘语》卷三）这说明明朝民间除夕有烧纸祭天的习俗。民间年节祭祀天地的习俗，在清朝以后更为广泛，不仅满族人、蒙古族人要沿袭传统祭祀天神，北方地区的广大汉族人在年节祭祀祖先与其他神灵的同时，也要祭天地。虽然没有天地的庙宇，但人们俯仰天地间，觉得天地之灵无处不在。为了感谢天地的荫庇，人们就在自家庭院供一个天地牌位。

胶东人一般在院内南墙上挖一个高约一尺半、宽约一尺的小佛龛，俗称"天地窝子"，里面长年供奉着天地牌位。在山东中部和南部地区，一般在正房外的西窗前垒一座高约三尺、宽约二尺、长约二尺半的平台，谓之"香台子"，以供奉天地牌位。新年期间，家家户户都在院中搭天地棚，祭祀天地神。有佛龛与香台子的，天地棚就搭在佛龛前或台子上。没有的就用席和箔[1]搭一个类似小庙的棚子，外面挂上松柏枝，里面放上天地桌，供上用红纸折成的牌位，称为"天地马儿"。新年凌晨，首先拜天地，然后拜其他神灵。三日送神，或元宵节拆棚撤供。(《山东民俗》)

河北蔚县人年节上供从天地爷开始，天地爷的牌位放置在院外房门口东面耳窗上，上书"供奉天地三界十方万灵真宰之神位"。两旁有对联"净手连心洗，早晚一炉香"，横批是"天地之大"。

晚清北京人年节供天地桌，每到除夕，在庭院布置一长案，供"百分"，百分是诸天神圣全图。在神像前，陈设蜜供一层，苹果、干果、馒头、素菜、年糕各一层，称为"全供"。初一凌晨接神时，将神像焚化，点香供奉，直到正月十五而止。(《燕京岁时记》)

· "迎喜神"与"出天方"

在中国许多地方有新年"迎喜神"的风俗。喜神是吉利的方神，人们根据黄历通书推算知晓本年喜神方位。在正月初一凌晨，开门迎年时，人们一定要朝喜神所出的吉利方位叩拜，祭祀喜神，以求一年的吉祥。

清代北京除夕接神之后，即为新年。在初次出门时，"必迎

---

1 箔，用苇子或秫秸编成的帘子。

〔清〕佚名《雍正帝祭先农坛图（局部）》

喜神而拜之"。王红利在《北京房山地区岁时节日调查报告》中
说：房山地区有迎喜神的习俗。正月初一早晨，吃完饺子后，
人们按照"黄历"（又叫"历头"，现在的民间通书）记载的喜
神方位确定迎接喜神的地点，如黄历上写道"吉凶方位：喜神
正南，贵神正东"，人们就会不约而同地到正南方的场地去迎喜
神。地点一般选在离人们居住地不远的宽阔场地。届时，人们
前呼后拥，从不同的方向涌向接喜神的场地。据说迎喜神越早
到越好，早来就可早迎到喜神。到达场地后，有的人鸣放鞭炮，

有的人焚香磕头。看热闹的小孩儿们互相追逐嬉戏，充满着喜气洋洋的景象，场面非常壮观。在河北张北地区，人们在贺年之后，按喜神方位，将全村的马匹向喜神方向赶去，谓之"迎喜神"。河北固安人在正月初一凌晨，牵一头驴向喜神方向走去，亦为"迎喜神"。

南方称为"出天行"或"出天方"。清代湖北长阳人元旦家内拜祭祖先后，开门，庭燎一对，茶果饼酒一盘，主人手持香烛，子弟分持庭燎、茶果等，在大门外，面喜神方向，设香案，纸烛四拜，谓之"出天行"。德安（今湖北安陆）人在天快亮时，准备香烛，开门向吉方拜，同时舞动一束燎柴照路，谓之"出方"。现今湖北新年仍然有"出方"习俗。鹤峰人新年出天行，轻轻开门，毕恭毕敬，同时诵念：

　　财门大敞开，元宝滚进来；滚进不滚出，滚满一堂屋。

　　然后向东方放鞭炮，上供品，燃香纸，跪拜。宜城人是背对堂屋跪拜，南漳人是朝喜鹊窝所在方向跪拜。（韩致中《新荆楚岁时记》）无论何种方式迎神，都是为了祈福迎祥。

·祭拜祖先

　　年节期间祖先与家人同在，祖先祭祀是春节家祭中最重要的祭祀。祖先信仰在上古就已发生，我们在距今五六千年的红山文化遗址中发现了一尊女神像，她堪称是我们的老祖母，人们供奉她，因为她赐给我们生命，是我们的女性祖先——祖先信仰是从女性开始的，女娲造人的神话就是这一观念的写照。

　　在以农业为社会生产主业的周朝，对祖先的祭祀更为系统周详。《礼记》中对祖先祭祀屡有记载，如前面所说的"大饮蒸"就是岁末的宗庙祖先祭祀大礼。祭祀百神的蜡祭，在秦汉时期也演变为祭祀祖先的腊祭。腊者，猎也，"田猎取兽，以祭祀先祖也"（《风俗通义》卷八）。腊祭时间在岁末，因此同时有送旧迎新的意义。在家族社会成长的秦汉时代，人们重视腊月与正月的家庭祖先祭祀。我们在《四民月令》中可见当时年节祭祀祖先的情形。

东汉人腊月的祭祖活动是一个较长的过程，腊日以稻与鹅向祖先献祭。腊前五日杀猪，三日宰羊，前二日斋戒，准备祭品，清洁器具和环境，然后腊祭先祖；三天后，出外祭墓。祭祀活动结束之后，家族的首脑召请宗族、姻亲、宾客、部曲[1]一道"讲好和礼，以笃恩纪"，联络亲情、友谊，融洽庄园的人伦关系。正月初一，东汉称为"正日"，作为重要时间节点、新年之始，为庆贺人事的更新，感谢祖灵的福佑，祭祖的仪式自然隆重。前此三日，家长及执事都要斋戒；祭祀日，首先请回祖灵，并敬献酒浆，然后家族内成员无论辈分高低、年龄大小，都依次列坐在先祖牌位前，欢聚饮宴。这热闹的祭祖贺年情景，使人不由想起《诗经·七月》"跻彼公堂，称彼兕觥，万寿无疆"的诗句，这里的公堂就是《四民月令》中供奉有先祖牌位的祖屋，人们在此饮宴贺岁，由此可见中国祭祖团年习俗的古老。

六朝以后元旦例行家庭祖先祭祀，"长幼悉正衣冠，以次拜贺"。唐宋时期，新年重视家人朋友君臣上下的拜贺，对祖

---

1 部曲，本意指军队或豪门的私兵，后用来指代部属、部下、家仆。

先的祭拜有所淡薄。但祭祀祖先的活动并没有停止。唐代官员有家庙，元日、冬至是两个重要的祭祀时间。宋代守礼的士大夫家也有家祭。

明清以后，由于宗法观念的复兴，祭拜祖先重新成为新年仪式的重要环节。祖先祭祀成为团聚家族成员的重要方式。明清时期富户在堂屋左边单设享室，岁时、伏腊、忌日，必启室祭祀。乡村民众一般在家中的正房或厅堂的北面正中处设神龛以供奉祖先神主牌位。所谓神主牌位，是一种带座可以竖立的长方形小木牌，上面写着祖先的名讳及同家长的关系，如"显考讳某妣某氏孺人之神位"等。寝中的神主只包括高、曾、祖、考四世。有的家庭只在厅堂墙上贴上红纸书写的本门宗亲神位，或者在神龛上供用一大木牌，正中写"天地君亲师之神位"，左右两旁分别用小字写上"本门宗祖""东厨司命"。

新年是家祭的高潮，人们腊月二十四就接回祖先过年。元旦清晨首先拜天地，其次拜祭祖先，然后才是家人互拜。徽州是中国宗族发达之区，这里的祖先祭祀仪式严整，祭祀必清洁，必诚敬。明代徽州一年有六次祭祀活动，其中以新年为首。祭祀有祠堂祭与墓下祭。在祠堂祭中，"少长毕集，照次叙拜"，各房房头拿出准备好的果酒祭奠。在墓地祭祀中，备办腊肉、猪肚、新鲜油煎塘鱼、冰梅糖串以及其他小菜、好酒、香烛纸钱等。祭祀时要念祝文一通，其正文为：

岁序流易，时维履端，追感岁时，不胜永慕，敬

陈菲奠，用表孝忱。尚飨。(《窦山公家议》卷三)

明代北京人在除夕开始悬挂先人影像，都用三牲、熟食、糖
果等供奉，至初三停止。清代北京的世胄之家，在除夕要致祭宗
祠，在家悬挂影像。黄昏之后，合家团坐在祖先神位前度岁。苏
州从除夕夜开始，家家户户悬挂祖先画像，以香烛、茶果、粉丸、
糍糕等为祭品，家人穿戴整齐，依次上前叩拜。祖神像悬挂的时
间不等，有三日、五日、十日，或至上元夜，上元夜隆重祭祀后
才收起，再次展示就要到明年。杭州人称祖神像为"神子"，元
宵以后也就将它收起来，有诗咏其事，"若非除夜何能见，才过
元宵不可留"。这种神像有三代、五代合绘一图之上，所以称为
"代图"，或为"三代图""五代图"。(顾禄《清嘉录》卷一)

民国以来民间仍然保持春节祭祖的习惯。一般家庭堂屋设
置有祖先牌位，人们吃团年饭前，先要由家长依次请祖先回家
团年，在祖先享用之后，家人再上桌吃饭。

山东泰安年祭特别诚敬。除夕，家长率子弟奉香到大门外恭
迎，引至祭室，奉茶献果。午夜，设鸡、鱼、肉、肝、肺、蔬菜、
米饭、饽饽、黄白米糕、水饺祭祀。男女眷属依次给祖先叩首，
然后拜尊长。天明族人来拜年，也要先到家堂位行礼，然后拜这
家的尊长。客人拜家堂，主人要陪礼。山西万荣祭祖节在正月初

二。传说旧时县城西部杨李村有位令狐氏，他的十子百孙密谋造反，被皇帝发现，在正月初二派兵抄斩。其子孙只有个别幸免，并改为张姓，得以幸存下来。为了纪念遇难的祖先，他们每年正月初二举行祭祖仪式，家家户户设香案，点香烛，跪祭亡灵。

直到当代，祭祀祖先仍为民间新年的传统项目。以河北邯郸为例，拜祖有三种情况：一是有家庙，家庙中有各代祖宗牌位，家长率子孙焚香磕头。二是没有家庙，有祖宗轴子（画像），挂起祖宗轴子，家人叩拜。三是没有家庙与祖宗画像的，就写出祖宗牌位，家人祭拜。不在家中祭拜的，早起一定要上坟给祖宗拜年。（张文涛《邯郸民俗录存》）

北京房山在年三十下午或晚上请祖宗时，要烧香、鸣放鞭炮。香一般为二至四支，上供品两碗，其中一个盛馒头，馒头上要点上红点并且要开着口，表示吉祥；一个盛菜，另加白酒两杯，祖宗口袋若干个。祖宗口袋是由白纸做成的印有图案的纸袋，上面写上祖先的名字，一般有几个坟头就供几个。过去还要摆家谱。山东高密人在家里堂屋挂族谱，摆起供桌，在年三十"隔年饭"（午饭）前，供祖先。供桌上的供品最主要的是五个"碗"，这些"碗"里面的菜也都是素的，最底下摆满了豆腐做的丸子，上面一层分别摆上白菜、菠菜饼、鸡蛋饼、炸过的面鱼和豆腐丸子，再插一根油亮的菠菜，最后缠上用红纸染红的粉条，红红绿绿的煞是好看。除了供"碗"，还有几种小点心，常用的是家乡特产大蜜枣、小蜜枣、水饼、噼啪梗等，都是一些面粉做的小甜食，现在有些人家也用寻常的糖果替代了。（管谨严《回家过年》）

湖北英山人是在年前上坟祭祖，一般在年饭之前，一家人带着三碗供菜（肉、鱼、豆腐等）、三茶盅饭、三杯酒、三双筷子，摆好后，烧纸钱、点香、放鞭炮，人们逐一跪叩，再上酒三巡，然后将酒饭泼在坟前，供菜带回家。

正是这种年复一年的祭祀团聚，强固了家族的内聚意识，保证了家族的绵延。而家族作为社会的基本单元，同时也是文化传承的基本单位，中国文明的悠久传承与中国家族社会的绵延有着一定的内在关系。

着新衣、戴花胜、饮春酒

进入新年之际，人们为了应节迎新，在服饰上焕然一新。以鲜洁的服饰迎年是汉代就有的习俗，六朝时的元日"悉正衣冠"也是这一意义。唐代小儿新年要穿上艳丽的新衣，刘禹锡《元日感怀》描述了这一情景："燎火委虚烬，儿童炫彩衣。"宋代，"小民虽贫者，亦须新洁衣服，把酒相酬尔"[1]。元

---

1 《东京梦华录》卷六，正月。《梦粱录》卷一，正月"士夫皆交相贺，细民男女亦皆鲜衣，往来拜节"。

代朝廷给官员赐拜年的新衣布料，腊前分赐近臣袄材，谓之拜年段子。[1]

明代北京人新年头上戴"闹嚷嚷"，人们用乌金纸做飞蛾、蝴蝶、蚂蚱之形状，大如掌，小如钱，呼曰闹嚷嚷。男女老幼各戴一枝于首，富贵者有插满头的。（《宛署杂记》卷十七）这是古代戴胜习俗的沿袭。

清代穿新衣拜新年民俗依旧，"鲜衣炫路，飞轿生风"（《清嘉录》卷十二）。

民国及至今天人们新年皆穿新衣，元旦五更起，"无贫富老幼皆更新衣"（民国《新乡县志》）。北方有首民谣：

糖瓜祭灶，新年来到，闺女要花，小子要炮，老婆子要吃新年糕，老头子要戴新呢帽。

北京房山，正月初一早晨，不管大人孩子都要穿上五颜六色、各式各样的新衣服，而且要给狗脖子上系一条花布条，驴子的笼头上也拴一个布条，牛、马的布条则拴在尾巴上，所拴的布条各种各样，以红色居多，由此增添节

---

1 《草堂雅集》卷一，转引自史卫民著《元代社会生活史》，中国社会科学出版社，1996年，第360页。

〔明〕仇英《汉宫春晓图（局部）》

日的喜庆气氛。

在民俗社会中新洁衣饰不仅是年节的美饰，同时具有神性意义。河北蔚县陈家洼乡南许家营村人认为：新衣服要在年三十上供之前换，这样干干净净地才可以给神上供，才可以敬神，神仙看着也觉得干净，而且，只有这样，来年才不会穿破的衣服。衣服上还要带点儿红布条或者红线，表示一年红、身体红。也有人认为，老人戴红布条或者红线是因为有它们可以避开"难九"，"难九"就是二九十八、三九二十七……九九八十一这几个岁数。（陈建丽《河北蔚县南许家营村年俗调查》）新的衣饰是为了祈福除灾。通过旧年阈限之后，人们获得新生。穿上新衣，戴上新帽，象征着人们进入新的生命旅程。这种身体的新打扮与门户的新装饰都体现了中国人重视新年的时间更新意识。

酒是新年仪式中的重要饮品，亦是降神的佳酿。祭神之后，朝野都要饮酒庆贺新年。新年之酒也称春酒，《诗经·豳风·七月》：

十月获稻，为此春酒，以介眉寿。

过年还有特制的保健辟邪的药酒。汉代人饮的是椒柏酒，酒用椒实与柏叶浸制而成。

唐宋人则饮屠苏酒，其泡制方法如下：

> 大黄一钱，桔梗、川椒各一钱五分，桂心一钱八
> 分，乌头六分炮制，白术一钱八分，茱萸一钱二分，
> 防风一两，以绛色布囊盛装，悬于井中浸泡，除夜守
> 岁时取出，加酒煎服。

屠苏酒的得名有一个传说：屠苏是一个草庵的名字，有人
居草庵中，他每年除夜送给附近居民一帖药，让人们用布囊浸
于井中，元日取井水置酒器中供家人饮用，"不病瘟疫"。后人
知道这药酒之方，但不知此人姓名，故称为屠苏酒。也有人解
释屠苏酒名，说"屠苏"二字字义为，屠绝鬼邪，苏醒人魂。
无论如何，新年的春酒是祛邪祈福之酒，如南朝诗人庾信所咏：

> 正旦辟恶酒，新年长命杯。(《正旦蒙赉酒》)

古人过年饮酒，有特别的方式：

> 正月饮酒先小者，以小者得岁，先酒贺之。老者
> 失岁，故后与酒。(《荆楚岁时记》)

饮酒从小的开始，小孩又该长一岁了，值得庆贺；老年人失岁，所以不贺。苏轼《除夜野宿常州城外》诗吟咏了这一习俗：

但把穷愁博长健，不辞最后饮屠苏。

我们看小孩过年欢天喜地，是有它的道理的。新年饮酒的仪式意义十分明显。明清以来，新年饮酒成为社交与生活娱乐方式，近代《金陵岁时记》：

新年邀集宾朋燕饮，称为饮春酒，以正月半前为盛。

太平天国之后，人们过年多喝烧酒。光绪末叶，饮食逐渐奢华，金陵人多喝绍酒、汾酒。当代人们过年，酒仍然是不可少的饮品。

贺年与拜年

年节通过仪式展示了送旧迎新的过程，严肃地送与愉快地迎是一个前后衔接、相互依赖的过程，旧年死了，新年才生。拜年庆贺是传统社会上下普遍的新年仪式，人们在通过旧年之后，重新获得生活时间，以相互礼拜的方式，庆贺新生。

中国传统社会君臣百姓拜年有一定的规矩与次序。从朝廷来说，沿袭上古告朔之礼，元日举行盛大朝会，皇帝接受文武百官朝贺，是汉朝以来就有的时间政治传统。君臣度过年节之后，重新归于政治秩序之中，并以臣僚拜贺的方式再次确定君臣之义。因此官方重视新年团拜，它是政治文化的组成部分。就民间家庭拜年次序来说，先拜神灵，次拜祖先，再拜长辈、尊辈，然后家内成员互拜。汉代《四民月令》记载，在正日祭祀之后，家人依次列坐先祖之前，"各上椒酒于其家长，称觞举寿，欣欣如也"。然后拜贺宗族兄弟、乡党耆老等。拜年庆贺的家庭仪式历代相沿，唐宋人"往来拜节"，明清拜年贺节风气更浓。

清晨迎来新年后，接着是贺年、拜年。顺序是先家内，后家外。明代"京师元日后，上自朝官，下至庶人，往来交错道路者连日，谓之拜年"（陆容《菽园杂记》卷五）。明代京城拜年有两种形式：

一种是见面跪拜。如果人们在路上见到亲友也会下车，在路中叩头拜年。明北京宛平人，晨起由家长率家人奴仆，拜天地、祖先，给上辈祝寿，然后互拜。并用三牲熟食祭祀，纸钱供于祖先牌位前。然后打扮出门给亲戚朋友拜年。士庶人等向亲友拜年，多是实心实意。

另一种拜年是一种虚套的礼仪形式。明朝中期京师有所谓"望门投帖"之俗。一些朝官之间的往来，讲求礼仪形式，如东西长安街，朝官居住最多。至此者不问识与不识，望门投帖；有不下马，或不至其门，令人送门帖者。（《菽园杂记》卷五）门帖，类似今天的贺年卡，据说宋代就开始送节日贺卡。宋人周密在《癸辛杂识》中说："节序交贺之礼不能亲至者，每以束刺签名于上，使一仆遍投之，俗以为常。"

明代杭州特别重视元旦，"今海内士庶咸重岁首，而庆拜往还，举酒相祝，惟吾杭最盛。"当时有谚曰："老子回头，不觉重添一岁；孩童拍手，喜得又遇新年。"可见民间年节老少欢愉情景。（张瀚《松窗梦语》卷七"时序纪"）有一首小词道尽明代杭州民间元旦风俗：

接得灶神天未晓，爆仗喧喧，催要开门早。新褙钟馗先挂了，大红春帖销金好。

炉烧苍术香缭绕，黄纸神牌，上写天尊号。烧得纸灰都不扫，斜日半街人醉倒。[1]

清中期，北京人贺年、拜年之俗，沿袭明代。清晨，士民之家，着新衣冠，肃佩带，祭神祀祖，焚烧纸钱，阖家团拜后，

---

1 郎瑛《七修类稿》卷三十诗文类，《除夕元旦词》引沈明德《蝶恋花·元旦》词。

出门拜年贺节。有"具柬贺节",有登门揖拜。晚清"接神之后,自王公以及百官,均入朝朝贺"。然后,百官走谒亲友,谓之"道新喜"。亲者登堂,疏者投刺,道路人员往来交错,真有车如流水马如游龙之盛。(《燕京岁时记》)

清代苏州贺年、拜年习俗,《清嘉录》记载甚详。放过开门炮,就是拜年。男女按辈分给家长拜年之后,由长者率家人晚辈出门拜谒邻居亲友,也有的指派子弟代家长前往庆贺,谓之拜年。就是终年没有往来的,这时也互相往拜于门。人家在门首设一记事簿,专记拜年客姓名,这种记事本,号为"门簿"。当时还有"飞帖"拜年的习俗,家长大多并不登门拜年,而是让仆人将拜年红帖送到亲戚朋友家,回拜的人同样遣仆人送帖,这种往来送帖拜年的习俗,称为"飞帖"。人们为了接帖方便,新年时就在门上黏一个红纸袋,写上"接福"二字,或者称为"代僮"。拜年帖,在清初为古简,康熙中,则换成红单,只书某人拜贺。拜年的时间一般不得过初十,过了初十,就有慢待的意思。丧家拜年要迟五天开始,否则就是不知礼数。

旧时拜年强调家族关系,拜年的过程就是家族关系的强化过程。江西东乡横路何氏宗族每年正月初一都要进行团拜。团拜并不仅仅限于一个族院,而是在整个横路何氏宗族中进行。团拜按照宗谱中记录的长幼顺序递进,即晚辈向长辈拜年,小房向大房拜年。

直到今天乡村城市仍然保持传统拜年庆贺之俗，在山东、河北地方乡村仍有跪拜。下面引黄涛博士关于河北景县黄庄拜年民俗的描述：

　　黄庄拜年的时间，从正月初一凌晨开始，到正月初十结束，个别因亲戚多而在初十前"走不过来"的可延长到十五以前。初一在村落内部拜年，初二以后到别的村子拜年。所以可以按阶段把黄庄的拜年活动分为两部分，这里我们只说说正月初一村落内部宗亲、村民之间的拜年。

　　黄庄的过年是从大年三十的早晨正式开始的。年三十早晨和中午的年饭是炖菜，用白菜、粉条、粉皮、豆腐、猪肉做成，饭前少量地放鞭炮。下午一家人聚拢在一起包饺子，要包出除夕和初一早晨两顿饭的饺子。晚上到祖坟请神、大放鞭炮、吃饺子。请来祖神后家里的氛围变得庄重，大人会叮嘱孩子不得说不吉利的话。但是年三十是不拜年的，没人在初一凌晨放鞭炮之前说拜年话，所以这里也不会有"拜早年"的说法。

　　尽管年三十晚上要团聚、"熬福"，睡得很晚，但是初一早晨必须早早起来。这天早起表示过日子"心盛"，

元旦贺年
录自《年节习俗考全图》

预示着一年勤快，能得好收成。这天谁家的鞭炮响得早要被别人钦佩，响得晚要被人笑话邋遢。为了让鞭炮声响得早一点，各户在睡觉前就在堂屋的大锅里加好煮饺子的水，在灶膛前准备好劈柴，有的人家在睡前把灶膛里的木柴点着，让它自己慢慢烧着，几小时后起床时锅里的水是热的。第二天凌晨要家里的一个男子先起床烧火。此地的男人平时是绝不做饭的。妇女要烧一年的饭，但初一早晨她可以休息一次，一定要家里的男人先起床烧火。如果主妇先醒来，她也要把酣睡中的丈夫唤醒，让他先起床，等烧着了火自己才起来，这天她是有特权的。男人们这天也比较自觉，总会有一个男性——或者是当父亲的，或者是已懂事的儿子——首先在黑夜里睡眼惺忪地起来烧火。凌晨四点半左右，村里开始有鞭炮声，这表示已经有人家吃饺子了。从此鞭炮声便陆续响个不停，想赖在炕上不起也睡不着了。一般人家在五点多起床，六点以后还没挪出被窝的是极个别的人家，一般是"打光棍"、没有子女、过日子不心盛的老人。

水烧开，妇女往锅里下饺子时，男人们在院里放起鞭炮。初一早饭的鞭炮是过年期间放得最多的。一定要放一挂长长的火鞭。还放一二十个二踢脚。饺子端上桌，老人在炕上坐好，晚辈们开始逐次在堂屋祖灵前拜年。祖灵的神像是一幅上有三进宅院的布质画，两边挂着的布质条幅上写着对联，如"祖宗功德传百世，子孙基业福寿昌"。祖灵前是供桌，桌上摆着鱼、肉、饺子等供品，还有一个盛满谷子的器皿里插着烟雾缭绕的香。供桌前打扫得很干净，以方便晚辈在这里磕头拜年。不少人家在这里放上一块席子或布垫，不让拜年者的膝盖沾土。也有一些人家认为这样做好像是准备好让别人磕头的，不太客气，就不铺东西，等别人磕头时他们会客气一下："别拜了，有这个话就行了。"通常五六十岁以下的长辈会赶忙拦住要磕头的人。有的拜年者见人阻拦，就不磕头了；有实在的在别人的阻拦下也一定要磕，磕完了说着："嗨，一年一个！"而六七十岁以上的人会倚老卖老，并不阻拦晚辈磕头，甚至径直说："磕吧！"但是谦让只是对血缘关系比较疏远的晚辈族人或者一般村民，而对自己的儿孙或侄儿侄孙就完全不用谦让了。后者对自己的亲近长辈磕头是完完整整、实实在在的，一点马虎不得。可以哥儿几个一起在祖灵前磕头，也可以按排行分头磕。先儿子儿媳磕，再女儿磕。但顺序并不严格，只要磕过就行，家里每个晚辈都要给每个长辈磕一遍。

只有女儿可磕可不磕。这可以看作对未出嫁的女儿的娇宠，也是因为传统上以为女儿最终是要出嫁的，她不是严格的本族传人。磕头前一定要大声喊叫拜年的对象，如"爸爸，拜年了！""娘，拜年了！"爸妈分别在里屋喊："磕吧！"拜年者就向着祖灵磕头：男子拱手作揖，双腿跪下，再两手撑地，头俯下去，将触地而止；女子在喊叫以后，两手握住，在腹前右方贴身振一振，两腿跪下，身子前俯，头向下点一点，就算磕头了。女子拜年两手并不撑地，头也离地较远；看起来动作幅度较小，姿势轻柔。媳妇可随丈夫一起拜，也可以单独拜，也可以几个媳妇一起拜，但无论怎样，必须给爷奶公婆拜的。称呼上也不能马虎，对公婆一定要响亮地喊"爸爸""娘"，而平时她很少这样实实在在地称呼。如果晚辈忘了拜年就坐到饭桌前了，别人就会提醒他，并笑话他："光吃饺子不拜年——装傻。"小儿也要拜年，他可以在祖灵前拜，也可以在炕上对着长辈拜，拜完了长辈要给压岁钱。

在自己家里拜完年吃过饺子后，要跟弟兄一起去"五服"内的宗亲家拜年，要依照血缘关系由近及远的顺序，一家一家给长辈拜年，先拜大爷、叔叔家，再拜其他。[1]由于是亲近的族人，被拜的长辈也都不谦让，这些头都是磕得实在的。拜完近亲，"近门儿"和"远门儿"的同族年轻人、孩子们（有的也夹杂着个别中年人）就集合到一起，组成"浩浩荡荡"的一大帮人，一般有二三十个，挨家挨户给同姓的村人拜年。黄庄有黄王两个大姓，黄姓住东部，王姓住西部，这两姓的人要拜完同姓家，需要走半个村子。这时天已蒙蒙亮，各家大都已吃完饺子，地上常能看到二踢脚的残骸，空气里弥漫着火药的香气，还有零星的鞭炮声。拜年的一群走进一家，踩着院里放火鞭留下的一地纸屑来到屋门前。有一两个带头的走进堂屋，按辈分称谓喊叫这家的长辈。主人出来时或只是在里屋答应时，领头的就喊："给你拜年了！"就在祖灵前磕头。屋外的人们也纷纷喊："拜年啦。"拜了男性长辈，再给女

1　"五服"本是中国古代的丧服制度，根据居丧者与死者的亲缘关系远近，丧服分为五等：斩衰、齐衰、大功、小功、缌麻。对此《仪礼·丧服》有细致记载。"五服"也被用以指称自高祖以下到同辈的本族亲属关系网络。河北省景县人习惯以出没出"五服"来确定别人是不是血缘亲近的宗亲。"五服"以内的人是"近门儿"的"一家子"，出了"五服"但还不太远的称为"远门儿"的"一家子"，到八九服以外的同姓人就不认为是宗亲了。

性长辈拜。长辈主人通常会谦让一番："算了，甭磕头了，地上怪脏的！"如果阻拦不住，就闪在供桌前的一边，两手握住，向磕头的人们打个拱，表示收着或还礼，有的还说着："我收着。"等人拜完，就让大家"进屋里坐坐"。有的女主人还拿出一簸箩花生或瓜子来让人吃。大伙儿说："不啦，还有好多人家没走完哪。"就呼啦啦地往外走，主人一直送到大门口。结成大群的拜年者基本上在每一家都不进屋坐，也不说太多的话，主要是磕头拜年。如果拜年的群体只有三四个，可能会进屋坐一会儿。这样几十家走完，需要一小时左右的时间。五六十岁以上的男人不加入年轻人的队伍，他们一般是兄弟几个一起去拜年，由于这些人的长辈略少一些，需要拜的人家也较少。年轻的妇女们也凑成一拨拨的，到各家去拜年，不过她们只在近亲那里磕头，到一般村民邻居家只是说说拜年话而已，并不真的磕头。这几年由于村民们共同活动减少，不相邻的人家并不常见面，有些去年刚嫁进村的新媳妇有人还不认识，这时看见新面孔，就难免指指点点打听是谁家的媳妇。拜完同姓，大家就地解散，一般相约着去打扑克或打麻将去了，也有的还要再去拜几家关系好的异姓。

村中老人回忆旧时风俗说，以前，全村的异姓之间也要拜年。拜完同姓，同姓的一大群在大街上集合，通常有一二百人，一起去村子的另一头去拜异姓。有时那边的人们也正好过来，在大街上遇见了，就互相喊："拜年啦！"就相向磕头，在街上跪倒一大片。那场面是有些壮观的。这也是一种团拜。两群人互拜毕，再分散到异姓的家里去拜年。

　　各家对给人拜年和被人拜年都很看重。年轻人就注意不要漏掉哪一家。长辈们在暗暗留心着哪家的后生来拜过了，哪家的没来，如果有没来的，心里就会很别扭。等自己家的孩子回来，一般家长要检查一下年轻人的拜年"成绩"，看有无漏拜的人家；如果漏拜了，要赶快去补上。还有没计划拜的，如果人家来拜了，还要去回拜。初一的拜年就这样结束了。剩下的这一天就是放松地聚在一起打牌、下棋了。妇女们大都是串门子，吃着瓜子聊天。一直到晚上，都是放松地玩乐。也有昨晚上没睡够觉的，拜完年再回家补觉。[1]

1　引自黄涛《村落的拜年礼制及其社会文化功能——以河北省景县黄庄拜年习俗为例》一文，未刊稿。

中国人春节拜年，大多遵循由内及外、由近及远的原则。初一在家拜祖先、家尊、宗族至亲，初二开始出门拜姻亲、邻里。正如旧时湖南民谚所说：

初一崽，初二郎，初三初四拜团坊。

正月初一到初三是一个年节的时间段落。明朝北京的男男女女这几天要到白塔寺绕塔，求好运。清代苏州称初三为"小年朝"，这一天如同元日，也不扫地、不乞火、不汲水。吴俗在这天早晨祭祀家堂神，晚上接灶神。民间这天有一个祈蚕事丰收的习俗，买簸箕四枚，悬于四壁，说是可以"田蚕倍收"。（《吴郡岁华纪丽》卷一）湖北等地民俗与苏州不大相同，初一、初二都不能扫地，不能泼水，至初三日，在大门外点燃香烛，将屋檐所插的松柏枝与门神纸等一起烧掉，称为"烧门神纸"，也称"送年"。

送穷鬼与祭财神

·送穷

春节是送旧迎新的时节，饱受饥寒之苦的庶民百姓，希望在送走旧年的同时送走穷困，迎来富足生活。因此在中国古代很早就有了穷鬼（或称穷神）与财神信仰。相比较而言，穷鬼祭祀在早期影响盖过财神。这似乎跟一般中国人的财富认识有关，人们只求温饱，并不大奢求富贵。

六朝时期，送穷鬼的日子在正月末，"晦日，送穷"。《金谷园记》记载，穷鬼是上古高阳氏的儿子庾约，他喜欢穿破旧的衣服，吃糜粥。人们给他新衣服，他就撕破，用火烧洞，再穿在身上，宫里的人称他为"穷子"。庾约正月末死于巷中，所以人们在这天做粥糜，丢破衣，在街巷中祭祀，名为"送穷鬼"。唐朝送穷习俗普遍流行，姚合作《晦日送穷三首》，其中一首描写了当时送穷的景象：

年年到此日，沥酒拜街中。

万户千门看，无人不送穷。

韩愈的《送穷文》为后人保留了一幅唐人送穷的生动画面：

元和六年（811）的正月晦日，主人依俗送穷，他让仆人"结柳作车，缚草为船"，给穷鬼制作了车船，为它套上了牛轭，竖起了帆樯，并备上行路的干粮。然后给穷鬼作三揖说："听说你要走了，我不敢问你要去哪里，但我已经给你备好了车船与干粮。今天是一个好日子，可任行四方，请用一碗饭，请饮一杯酒，带着你的亲朋好友，离开我这旧地方，寻找新的居所吧。"

宋朝送穷风俗依然流行，但送穷的时间有了变化，大概在正月初六。《岁时杂记》记载在人日（正月初七）前一日，人们将垃圾扫拢，上面盖上七枚煎饼，在人们还未出门时，将它抛弃在人们来往频繁的道路上，以送走穷鬼。另一则说，池阳风俗以正月二十九为穷九，扫除屋室尘秽，投之水中，谓之"送穷"。

明代很少有关于送穷的记载，清代北方却有不少关于送穷的祭祀习俗，此时的穷神变成了妇人形象。正月初五是送穷日，山西解州正月五日，用纸扎成妇人，凌晨送到街衢之中，名为"送穷"。山西翼城"破五"，人们早上起来，取少许炉灰放在筐里，剪五个纸人，送至门外，焚香、放花炮，称为"掐五鬼"。这天，必以刀切面，煮而食之，名为"切五鬼"。妇女竟日不做针线活儿，担心刺了五鬼眼。（光绪《翼城县志》）山东人送穷的手法与山西人不同，比较委婉。孔尚任有《五日祭穷》诗，记述其事：

俗传巫师言，破五百不好。

但宜啜菜根，闭门自涤扫。

渣秽实破箕，昏时荐穷媪。

穷媪者穷魁，衣敝容枯槁。

司仓仓如悬，司箧（qiè）箧如倒。

以之司厕腧（yú），能与豕争饱。

才德各有宜，委之胡不早？

延置破箕中，设祭莫草草。

零楮（chǔ）与断香，糕饭杂栗枣。

三酹（lèi）残酒浆，命仆跪致祷：

不腆主人词，幸勿生懊恼。

厕为尔华堂，粪为尔粱稻。

主富尔不饥，年年祝寿考！（《孔尚任集》卷四）

这里的穷妇人是被当作穷神来祭祀的，人们用安抚的方式送她到该去的地方。

河北万全人对待穷神可没有孔氏那样文雅。破五这天商家准备开业，居民各自开始忙于生计。晚上，各家都用纸扎一妇女，高四五寸，身背纸袋，人们将堆放在屋隅的垃圾，扫置袋中，然后用爆竹炸于门外，俗称"送五穷"。小儿在街巷中来回蹦跳，高声唱道：

五穷媳妇五穷排，家家门上送出来，不管秃子、瞎子送出一个来。

河北邯郸人在破五这天，要送穷土，换富土。所谓送穷土，就是将煤渣窑里煤渣掏出，送到村外十字路口。煤渣是烧完了的无用之土，因此是穷土，将其送走，也就是送穷。穷土送到十字路口后，人们在上面烧香，祈求穷土四散，来年家庭生活富足。同时人们再从外面背些新土垫入煤渣窑中，新土因为尚未种庄稼，地力肥厚，所以为富土。

"五穷土"即"无穷土"的谐音。以前的人们生活都很辛苦，于是就希望自己的家里能发达致富。他们认为家里不富裕，是因为有穷土，于是后来就出现了"扫穷土"的风俗。在初五这一天的早上，要把炕的四角扫一扫，把地下的果皮纸屑也扫干净，再收拢在一起倒在大门外路中央，然后上香、烧纸，再点一只爆竹，就可以表示此项工作已经完成了，上香和烧纸是在敬神。天亮之后，来往的车辆人马，会从这些东西上路过，就会把"穷土"带走，也就把"穷"带走了。这个时候，你强烈地感受到的，是人们盼望致富的热切心情。初五中午，家家户户要吃"无穷饺子"。

（陈建丽《河北蔚县南许家营村年俗调查》）

· 接财神

穷神快快送走，财神早早降临。求富的节日活动最早见于六朝时期。《荆楚岁时记》记载正月初一，人们将成串的铜钱系在竹杖上，然后抛到粪土堆上，说这样可以如其所愿。隋朝时演变为在正月十五杖打粪堆。在过去，粪土是农业生产的重要资源，有助人致富的潜能。但明确的财神信仰兴起于较晚的时代，其中的缘由大约是在中国古代受到重义轻利的儒家思想影响，赤裸裸的财富之神就迟迟没有出现。直到明清之际，在江南经济发达地区，随着商品经济的发展，特别是早期资本主义萌芽的产生，人们的商品观念、经济意识增强了，原来人们所崇拜的对象也相应地发生变化。由于原有穷神已经不能满足人们的财富要求，于是财神崇拜也就应时而起。

人们都爱重财神，财神自然有许多化身。从民间信仰看，有文财神、武财神、五路财神、青龙财神，等等。

我们先看文财神。从年画与庙宇泥塑中，我们见到的文财神的形象，是文官打扮，头戴宰相纱帽，五绺长须，手捧如意，身着蟒袍，足蹬元宝，面目严肃，脸庞清癯。据说他是商朝的比干。比干是位忠臣，他的心被商纣王所挖，但因吃了姜子牙送他的灵丹妙药，存活人间。他在人间广散财宝，因为没了心，也就无偏无向，办事公道，所以深受人们敬重。当时在比干手下做买卖者，公平交易，互不坑骗。人们把比干这位童叟无欺的正派君子当作财神。在《封神演义》里，比干被封为北斗七星之一，后来幻形人世，成为文财神。另一位文财神是范蠡。范蠡是理财高手，三次聚财，三次散财，他致富的天才与重义的品质，赢得了人们的崇拜，被奉为财神。

再看武财神。武财神赵公元帅可谓家喻户晓，赵公元帅，名朗，字公明，是一位道教人物。传说其为陕西终南山人氏，秦朝时避世山中，虔诚修炼。汉代的张天师收他为徒，命他骑黑虎守护丹炉。天帝封他为"正一玄坛赵元帅"。《封神演义》中说姜子牙封赵公明为"正一龙虎玄坛真君"，招财使者、利市仙官都归他管，这就是他被奉为财神的因由。民间所供赵公明财神像皆黑面浓须，顶盔披甲，手持钢鞭，跨下一只黑虎，在其画像周围，常画有招财童子、聚宝盆、大元宝和珍珠、珊瑚之类，以示财源茂盛。

另一位武财神是关公。关公，名羽，字云长，三国时人，因其忠义勇武被历代帝王加封各种封号，在明清时期已经成为关圣帝。民间受《三国演义》的影响，将关羽奉为忠义的化身，特别是近代以来的一些工商组织，将关公视作行业的保护神与财神。

五路财神信仰，主要在南方流传。所谓五路，就指东西南北中五路。五路神也是行神，即出门五路皆为发财之路。财不自来，必奔走四方而得之。商业贸易依靠交通往来，交通的便

古籍中的财神赵公明形象
《三教源流搜神大全》宣统元年叶德辉校刊本书影

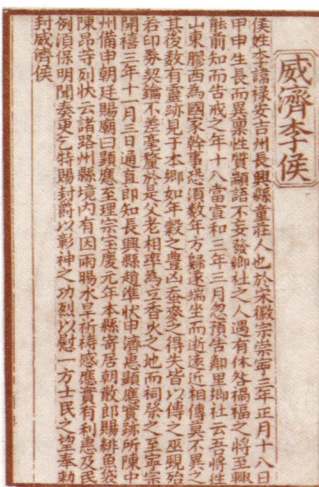

利安全，有赖于道路之神即行神的护佑。传统的行神崇拜，在商业经济发展的背景下，演变为财神。

在山东和浙江地区盛行以青龙为财神的风俗。龙是鳞虫之长，在民间，它也是至尊的吉祥物，并被神化为龙眼识宝、龙行有雨等。民间青龙财神年画中多为青龙飞绕，两侧是和合二仙。前面是聚宝盆，青龙口中正吞吐着珠宝。春节期间人们相见，开口就是"恭喜发财"，"发财"成为岁首时节最活跃的词汇，"迎财神""接财神"等构成节日的重要祭祀内容。迎财神的时间一般在正月初一至初五。

有的地方早在大年三十就迎财神。如山东高密人在吃年夜饭时迎财神，人们依照财神来临的方位，在村庄通往外面的路口摆一小桌板，上放一叠纸钱，摆两盘表面光洁的馒头，每个馒头都有四两重，然后烧纸，放一挂鞭炮，端起小桌板回家，将财神迎进门后，关上大门，在门口放一根拦门棍，防止财神溜走。人们在堂屋设有供奉财神的神位，将馒头放在供桌上，点三炷高香，燃起两只红烛，从此财神就在此家住下了。还将腊月二十四做好的祈求粮食丰收的"圣虫"放到粮囤中，希望来年会有好收成。这是比较特殊的迎财神习俗，多数地区是正月初一开始迎财神。

正月初一迎财神是与其他新年神灵一道迎接。春节凌晨开启门户，称为"开财门"。湖北仙桃人在初一开门向吉方祭拜时，要大声喊道：

开门大发财，元宝滚进来。

河南一些地区，除夕晚上在院子里树一大竹，上挂铜钱、铃、枣、胡桃等物件，称为"摇钱树"，男女都可以来摇，传说除夕夜财神从空中飞过，如果正好在财神飞过时摇树，那就得到发财的吉兆。

各地还有乞丐新年送财神的习俗。在四川南部，大年初一有"扫财神"的仪式。有人头戴财神爷的帽子，脸上蒙着财神爷的假面具，身穿一件戏袍，手拿一把新扫帚，另有一人敲着小锣，来到人家门口。财神先向门里的主人作揖，再用扫帚在门口象征性地扫进扫出，左扫右扫。那个敲锣的人便一边打锣，一边念着：

> 一扫新年如意，二扫清洁平安，三扫人丁兴旺，
>
> 四扫百病消除，金银财宝扫进去，是非口舌扫出来，
>
> 左扫左发财，右扫右发财，扫也发财，不扫也发财。

然后主人便赏给"扫财神"的人喜钱。

北京人正月初二祭财神。这天无论家庭还是商号"咸祭财神"、吃馄饨，称为"元宝"，远近鞭炮声昼夜不息，甚于除夕。财神祭品多用活鲤鱼和羊肉，取鱼羊之和乃为"鲜"意，以表示新财神降临，今年发新财。祭祀后的鲤鱼要到河中放生。北京广安门外有五显财神庙，旧时初二财神庙开庙，人们都到庙里祭财神。财神庙香火繁盛。庙中准备了许多纸质元宝，香客每出若干银钱就可"借"一两对元宝回家，供在家庭的神龛上，说是向财神爷借到了元宝，今年准会大发利市。庙旁的一些元宝摊子，有的只做一天生意，即可维持一家人大半年的生活。

贵州布依族亦在初二接财神。各家在初一晚上准备一捆柴

和一挑水放在门口，听到凌晨第一声鸡叫，就迅速点香、烧纸、放鞭炮，唯恐动作迟了，财神被人接走。这时家长大声招呼："文武福禄财神，快来吃饭啰，吃了护卫金银财宝滚进我家来，保佑一年四季都发财。"然后一人抱柴，一人挑水，走进堂屋，边走边念："柴（财）来，柴（财）来，金水银水进屋来。"

南方地区的祭财神一般在正月初五。南京初五为财神日，清晨人们摆供设祭，焚香接神。在苏州无论贫富贵贱初五都要祭祀路头神，说初五是财神五路的诞日。初五这天人们争先早起，敲起金锣，燃响鞭炮，摆上牺牲供品，迎接路头神。谁先接神，谁就得到利市。蔡云《吴歈》云：

五日财源五日求，一年心愿一时酬。

提防别处迎神早，隔夜匆匆抢路头。

路头神来源于古代行神，将行神奉作财神大约是清朝江南人的创造。江南城市商业发达，商品货物的往来流通无不倚重交通，物畅其流，也就财运亨通，所以传统的道路之神，也就变化为主管财运的财神。

五路者，为五祀中之行神，东西南北中耳。求财者祀之，取无往不利也。（袁景澜《吴郡岁华纪丽》卷一）

上海，初五接财神，有人挑担上街卖鲜鲤鱼，称为"送元宝鱼"，晚上喧闹喝酒，名曰"财神酒"。有的地方在初四晚上就设祭，接路头财神。祭祀时，酬神的酒要倒得满满的，叫作"满满十分财"；在初五早上要吃面和糕，称之为"路头面"或"路头糕"。商店老板还要杀鸡摆酒请伙计吃饭，实际上是借此机会辞退自己不满意的伙计。届时端上来的一盆鸡的鸡头朝着谁，即表示该人被辞退了。而伙计们则把这一天称作"铺盖生日"。留下的就有生计，被辞退的只好卷铺盖走路。

一些商店新年初五开门，设茶点，恭迎第一个顾客登门，俗称其为"财神"。不管花费多少，均受到热情接待和优惠——或打折扣或赠送礼品。

也有的地方在二月二祭祀，如扬州虹桥土地庙，二月二日祀土神，"谓之增福财神会"。(《扬州画舫录》卷十一)

在新年时节，无论是送穷，还是祭祀财神，都表达着人们祈求富裕生活的愿望。有一副民间对联将人们厌恶穷困、爱恋富贵的心态表现得淋漓尽致、描写得十分形象：

爆竹三声，蹦出一伙穷鬼。呸！贼狗日的，害得老子七死八活

焚香九炷，迎来五路财神。呀！好老人家，保佑小人六合四喜

正月初七"人生日"

> 一鸡，二犬，三猪，四羊，五牛，六马，七人，
> 八谷。

这是一首时间久远的正月数日占卜歌谣，说的是正月初一到初八为各种动物、人或植物的生日，人们以当天天气的阴晴来预测对应的物类新年发旺与否。托名东方朔所撰的《占书》中说：

> 岁后八日，一日鸡，二日犬，三日豕，四日羊，
> 五日牛，六日马，七日人，八日谷；其日晴，所主之
> 物育，阴则灾。

正月数日占卜的习俗，可能起源于汉代，其中从六朝开始特别重视人日，这可能与六朝长期战乱、人口急剧减少、"生民无几"的社会现实有关。北齐高祖高欢对中原的人日不太清楚，在七日登高宴请群臣时，问大臣魏收，为何称初七为人日，魏收就引用了魏人董勋在《问礼俗》中的解释：正月一日为鸡日，七日为人日，"正旦画鸡于门，七日贴人于帐"。至于因何原因将七日定为人日，历史文献中没有清楚解释。民间有传说女娲

〔清〕黄钺《御制人日喜雪诗卷（局部）》

创世，在造出鸡狗猪羊牛马后，在第七天造出了人，所以这天为人生日。这种说法与西方上帝七天创世造人的神话近似，中国人日是否受到来自异域的文化启发，尚无定论。不过中国人日民俗具有浓郁的本土文化特色。

人日有诸多习俗，南朝宗懔在《荆楚岁时记》说：

> 正月七日为人日，以七种菜为羹；剪彩为人，或镂金箔为人，以贴屏风，亦戴之头鬓，又造华胜以相遗；登高赋诗。

七菜羹

　　人日有特殊的节令食品，七菜羹是七日的应节食品。岁首之初，人们为了应节，要吃新菜。新菜的食用，有新年尝新的意味。南朝荆楚人日七菜羹到底是哪七种菜，史无明文，难以究知。不过后代有人又将其称为"七宝羹"。明代人何乔远《闽书》云：

　　　　泉（州）人，以是日取果菜七种作羹，名七宝羹。

　　现在南方各地还有人日吃七菜羹的节俗。

　　广东客家人正月初七吃"七样菜"，这七样菜一般包括芹菜、蒜、葱、芫荽、韭菜五种，另外两样灵活配置，有的用鱼、肉，有的用其他菜凑合。人们将七种菜一锅煮，然后全家人一起吃。人们借七样菜象征人事的未来：芹菜的芹，谐音"勤"，象征勤快；蒜谐音"算"，象征计算；葱谐音"聪"，象征聪明；芫菜的芫，谐音"缘"，象征缘分；韭菜的韭，谐音"久"，象征长久；鱼谐音"余"，象征富余；吃肉表示富裕。七种菜一块吃，意味着勤快、会打算、聪明、有人缘、长久幸福、富足有余。

　　潮州人日吃"七样羹"，七样羹的原料与七样菜大同小异，有大菜（芥菜）、厚合、芹菜、蒜、韭菜、芥蓝等，也是一锅煮，然后全家同吃，祈福求祥。潮州还有这样一则传说：

从前有一位老汉因怀念正月初七出洋谋生的儿子，便每年在这个日子都摆上碗筷以寄托思念之情。有一年正月初七，老汉因为穷苦无钱买菜，便从菜摊捡了七种菜叶子回家，煮了一大碗放在桌上，给久无音信的儿子也摆上筷子，这时忽然有人来报儿子从南洋寄钱回来了。乡人认为这是初七吃七样羹带来的福分，因此大家在正月初七跟着吃起"七样羹"，并逐渐成为乡俗。

这则传说对传统人日食品做了新的诠释，符合民众生活状态。

福建、台湾地区民众也在人日吃七种菜，分别是菠菜、芹菜、葱蒜、韭菜、芥菜、荠菜、白菜等，其寓意与广东大致相同。

人日戴胜

胜是一种特殊头饰，它的原始意义具有宗教性，属于信仰服饰范畴。《山海经》中说：西王母蓬发戴胜。人日妇女戴胜，称为"人胜"。人胜起于晋代。南朝荆楚地区，人们在人日相互馈送华胜，即彩绸制作的花色头饰。隋唐时期皇帝要赐王公大臣彩缕人胜，民间也多人日剪彩活动。唐人徐延寿《人日剪彩》诗说：

闺妇持刀坐，自怜裁剪新。

叶催情缀色，花寄手成春。

帖燕留妆户，黏鸡待饷人。

擎来向夫婿，何处不如真。

人日剪彩人、彩燕，或贴于室内，或妆于头饰。剪彩人的目的，在于表示人们的一种精神更新的观念。《荆楚岁时记》说：

剪彩人者，人入新年，形容改从新也。

人日剪彩人张贴，事实上不仅是节日乞求人口繁衍的意愿，更重要的是基于中国古代社会对人生命的看法。古人认为，人是有魂灵的，这种魂灵是要不断地更新的。更新的手段是利用巫术性的被禊（fú qì）与偶人换身的形式。人日剪彩为人或镂金箔为人都有这样的原始意义在。20世纪60年代，新疆阿斯塔那墓出土了排列成行的七个人形剪纸，这就是当年的人胜。李商隐《人日即事》诗云：

镂金作胜传荆俗，剪彩为人起晋风。

人日还是回魂节。南朝荆楚人此日主人面向西，招牛马鸡畜之魂，这样会家畜兴旺。其实人日重要的是招人魂，西北地区将人日称为"人齐节"。这天饭前，由家庭长者（多为年老主妇）——呼唤全家人的名字，叫到谁的名字，谁就必须答应"回来了"，人齐之后，方可揭锅开饭。这样的呼唤，称为"回魂"。

人日登高

人日还有登高习俗。晋人郭缘生《述征记》记载：曹魏时期，魏东平王为了人日登高观赏，在寿张县安仁山开凿山顶，"刻铭于壁，文字犹在"。晋人张望也曾在七日登高赋诗。人日登高似乎是文人出游的雅事。南北朝以后，人日登高成为南北地域的通行习俗。唐代人日放假一日，登高之俗依然。乔侃《人日登高》诗云：

仆本多悲者，年来不悟春。

登高一游目，始觉柳条新。

杜陵犹识汉，桃源不辨秦。

暂若升云雾，还似出嚣尘。

赖得烟霞气，淹留攀桂人。

宋代以后人日逐渐不见登高习俗，但变相的游玩形式在部分地区依然存在。广州芳村花地是明清以来有名的园林区，也是人日人们寻访览胜之处，娄子匡在《新年风俗志》中说：初七是人日，那天有许多人跑到那边玩。广州西关老城还有过人日的习俗。

正月里来是新春

立春为二十四节气之首，它一般在公历2月3日、4日或5日，是正月前后的一个重要节日。

周天子在立春之前三天斋戒，立春之日，亲率三公、九卿、诸侯大夫，到东郊迎春。汉朝继承周制，在立春日，皇帝率大臣到东郊迎接春气，祭祀青帝句芒。这天，人们穿青色的衣服，唱《青阳》之歌，舞《云翘》之舞。六朝时期，人们在立春日，剪彩为燕，戴在头上，作为迎春的彩饰。还要在门上贴"宜春"二字。立春剪彩中蕴含着对情人的深深祝福。唐人更以立春剪彩为时尚，诗人李远的《剪彩》诗云：

剪彩赠相亲，银钗缀凤真。

双双衔绶鸟，两两度桥人。

叶逐金刀出，花随玉指新。

愿君千万岁，无岁不逢春。

鞭春

宋朝开始有鞭春的习俗。《东京梦华录》记载，当时北宋开封府，在立春前一天，"进春牛入禁中鞭春"。

明代北京立春时节要举行盛大的迎春、鞭春仪式。仪式由官府主持。东直门外设有春场，场内有春亭。每年先春一日，大京兆迎春，旗帜前导，次田家乐，次芒神亭，次春牛台，次县正佐、耆老、学师儒，府衙上下皆骑马，只有县丞府尹坐轿，官员一律着红色衣服，簪花迎春。将春牛由春场迎入府内。这天，塑小春牛芒神，送入宫中，依次进皇上春、中宫春、皇子春。然后，百官朝贺。立春当日，府县官吏，各穿官服，礼句芒神，用彩色的鞭子鞭打春牛三次，以示劝农之意。立春日，北京人无论贵贱都嚼萝卜，称为"咬春"。民间互相请客宴会。

明代江南地方也重视立春仪式。以浙江杭州为例，立春的仪式，由附郭[1]二县，轮年值办。仁和县于仙林寺，钱塘县于灵芝寺，前期十日，县官督促基层坊市里甲，备办各种仪仗物件，选拔召集优人、戏子、小妓，装扮社伙，装扮的故事有：昭君出塞、学士登瀛、张仙打弹、西施采莲之类，各种扮相，竞巧争华，排演练习数日，谓之"演春"。立春日，郡守亲率

1　附郭，也称附廓，一般指大城的郊外或属县。

僚属前往迎春，前面是社火表演，后面跟着春牛，人们聚集沿路围观，竞相用麻、麦、米、豆抛打春牛。社火表演的社首，身着冠带，骑驴跳跃，大呼小叫，并以人扮皂隶士卒簇拥前行，称为"街道士"。街道士等经过官府豪门时，都用赞扬的语词祝福主人。最后来到州府厅堂，以彩鞭鞭碎纸春牛，随后鞭土牛，分送各级官员与地方贤达。而民间妇女，才"各以春幡春胜，镂金簇彩，为燕蝶之属，问遗亲戚，缀之钗头"（《西湖游览志余》卷二十"熙朝乐事"）。明代苏州迎春的情形记载在袁宏道的《迎春歌》中：

东风吹暖娄江树，三衢九陌凝烟雾。

白马如龙破雪飞，犊车辗水穿香度。

铙吹拍拍走烟尘，炫服靓妆十万人。

罗额鲜明扮彩胜，社歌缭绕簇芒神。

绯衣金带印如斗，前列长官后太守。

乌纱新镂汉宫花，青奴跪进屠苏酒。

采莲舟上玉作幢，歌童毛女白双双。

梨园旧乐三千部，苏州新谱十三腔。

假面胡头跳如虎，窄衫绣裤捶大鼓。

金蟒缠身神鬼妆，白衣合掌观音舞。

观者如山锦相属，杂沓谁分丝与肉？

一路春风吹笑声，千里红纱遮醉玉。

青莲衫子藕荷裳，透额垂髫淡淡妆。

拾得青条夸姊妹，袖来瓜子掷儿郎。

急管繁弦又一时，千门杨柳破新枝。

（《清嘉录》卷一）

清代立春日，有"进春"仪式。各省会府州县卫"遵制鞭春"。京师除在各衙门鞭春外，还有带着彩绘制作的芒神、土牛，在吹吹打打的仪式中，由京兆尹率着国学生恭送大内朝廷。苏州、扬州在明代一如杭州，以优伶官妓为行春的仪仗队伍，清朝初年仍然如此。扬州土风，立春前一日，太守迎春于城东蕃厘观，令官妓扮社火：春梦婆一人，春姐二人，春吏一人，皂隶二人，春官一人。立春日，打春官，给春官二十七文报酬，另赏春官通书十本。康熙年间，裁减乐户，没有官妓后，人们用花鼓戏中的角色代替。在扬州花鼓中，女性人物角色均由男性扮演，所以扬州俗语有：

好女不看春，好男不看灯。（《扬州画舫录》卷九）

清中期后，苏州等地也由以前的官妓改为市井乞儿充任社火表演者。立春前一天，郡守率僚属迎春于东郊娄门外的柳仙

古代百姓迎春场景
〔元〕佚名《岁朝图（局部）》

堂。观者如市，男女争着用手摸春牛，以求新年好运气。民谚云：

摸摸春牛脚，赚钱赚得着。

立春日，太守在府堂举行鞭春仪式，用鞭子鞭碎土牛，谓之"打春"。立春日在苏州称为"春朝"，过节气氛与冬至差不多，人们用米粉做丸子，祭祀神灵、供奉祖先，并互相拜贺，名为"拜春"。

民国之前，各地仍有"打春牛"的习俗。人们用泥土做成春牛，涂上五彩，还要做一个芒神。在立春这天，由县令在衙门内主持鞭春仪式。县令用彩鞭鞭碎春牛，众人争抢土块带回家，说是今年就会有好收成。民间在立春前后要张贴春牛图。春牛图是年画的一种，有一儿童装扮的芒神，手持柳条，或立牛侧，或随牛后，或骑牛背。陕西的春牛图有天下大吉、天下太平的字样。

春饼

立春还有特定的饮食，春饼是典型的一种。六朝时即有春饼。这是一种薄面饼，人们用它裹生菜食用，春饼与生菜等在古代号称春盘。杜甫在《立春》诗中曾写下：

春日春盘细生菜，忽忆两京梅发时。

盘出高门行白玉，菜传纤手送青丝。

佳句伴随着春饼，至今令人回味。明代北京人立春互相请客宴会，吃春饼和菜。清人孙国籹《燕都游览志》：

立春日，于午门赐百官春饼。

苏州人立春前一个月就在市场上卖春饼。商人标示所卖饼子为"应时春饼"。春卷是与春饼类似的近代立春食品，春卷将菜馅裹入薄面皮中，然后油炸食用。春卷具有皮薄、色黄、香脆、质嫩、味鲜的特色。萝卜也是立春的应节食品，明代北京人无论贵贱都嚼萝卜，称为"咬春"。清代北京人新春日献辛盘，即使是一般百姓，也要杀鸡割肉，做面饼，杂以生菜、青韭芽、羊角葱，生吃水红萝卜，名为"咬春"。现代都市、乡村大都传承着新年吃春卷的节日食俗，其中蕴含的迎春意义不言自明。

闹元宵

如果说大年是一台全民参与的民俗大戏，正月十五元宵节就是这部大戏的压轴节目。元宵是新年的第一个月圆之夜，"一年明月打头圆"，故称"元夕""元夜"。道教称元宵为上元节，还将它与七月十五中元节、十月十五下元节合称"三元节"。上元节是天官赐福的节日。

元宵最典型的节俗是灯会，因此元宵又被称为"灯节"。元宵起源说法不一，一般来说它有两个源头，一是中国本土的正月上旬的祭祀传统。汉武帝在正月上辛日，到甘泉寺燃灯祭祀太一神，灯火彻夜不熄。这种习俗后来移到正月十五。另外一个源头跟佛教有关。西域摩揭陀国每年十二月底（相当于中国夏历的正月十五），要在城内做燃灯法会，纪念佛祖。随着汉明帝迎经白马寺，佛教合法进入中土，正月十五燃灯表佛的习俗也逐渐为人们所习用。灯彩有很好的视觉效果，对于营造节日气氛来说，它与春节的爆竹有异曲同工之妙。

隋唐是元宵灯会开始兴旺的时期，它跟帝王的个人爱好与性格有关系。隋炀帝是一个爱热闹、喜欢排场的人物，他为了夸饰太平，正月十五夜在京城洛阳举办大型灯会。唐朝是古代中国盛世，也是城市生活获得显著发展的时代。作为城市重要节俗内容的元宵灯会得到国人的喜爱，人们在国家规定的正月十四、十五、十六三天假期中，通宵游赏。取消了节日宵禁的长安，进入了一个社会上下共度良宵的欢愉世界。唐初诗人苏味道在《正月十五夜》诗序中赞叹此景：

京城正月望日，盛饰灯火之会，金吾弛禁，贵戚
及下里工贾，无不夜游。

宋朝城市生活进一步发展，元宵灯火更为兴盛。帝王为了
粉饰太平，"与民同乐"，元宵节亲登御楼宴饮观灯，"山楼上下，
灯烛有数十万盏"。(《东京梦华录》卷六）张灯的时间也由三夜
扩展到五夜。新增的十七、十八两夜，最初限于京师开封府，
据说是由两浙钱王进献给皇上的浙灯。后来地方州郡纷纷效法，
成为通例，所以民间流传钱王买了两夜灯的说法。宋代有两则
与上元灯会有关的逸事，一则是州官放火的典故。

据《老学庵笔记》记载：田登在做州官时，忌讳
说与自己名字同音的"灯"字，元宵节放灯是官民俗
习，他也躲不过，但在其辖区内贴出的告示："本州依
例放火三日。"后来人们以"只许州官放火，不许百姓
点灯"来批评官员的霸道与专横。

另一则故事是：

蔡君谟在任福州太守时，上元节下令民间，每家
张灯七盏。当时有一位读书人，做了一盏丈余长的大

灯，灯上题诗一首："富家一盏灯，太仓一粒粟；贫家
一盏灯，父子相对哭。风流太守知不知，犹恨笙歌无
妙曲！"蔡太守十分羞愧，只好下令罢灯。

宋元易代之后，元宵依然传承，不过灯节如其他聚众娱乐
的节日一样受到限制。明代全面复兴宋制，元宵放灯节俗在永
乐年间延至十天，从正月十一开始，京城百官放假十天。民间
观灯时间各地不一，一般三夜、五夜、十夜不等。江南才子唐伯
虎《元宵》一诗，写出了元宵灯月相映之妙：

有灯无月不娱人，有月无灯不算春。
春到人间人似玉，灯烧月下月如银。

明代中期以后城市经济有较大的发展。作为市井生活重彩
的元宵节更加热闹。《金瓶梅词话》第十五回《佳人笑赏玩月楼》
描写了灯市人烟凑集、花灯锦簇的热闹情景：

山石穿双龙戏水，云霞映独鹤朝天。金莲灯、玉
楼灯，见一片珠玑；荷花灯、芙蓉灯，散千围锦绣。
绣球灯，皎皎洁洁；雪花灯，拂拂纷纷。秀才灯，揖
让进止，存孔孟之遗风；媳妇灯，容德温柔，效孟姜

〔清〕孙温《红楼梦·荣国府元宵开夜宴》

之节操。和尚灯，月明与柳翠相连；判官灯，钟馗共
小妹并坐。师婆灯，挥羽扇，假降邪神；刘海灯，背
金蟾，戏吞至宝。骆驼灯、青狮灯，驮无价之奇珍，
咆咆吼吼；猿猴灯、白象灯，进连城之秘宝，玩玩耍耍。
七手八脚，螃蟹灯倒戏清波；巨口大髻，鲇鱼灯平吞
绿藻。银娥斗彩，雪柳争辉。鱼龙沙戏，七真五老献

丹书；吊挂流苏，九夷八蛮来进宝。村里社鼓，队队

喧阗；百戏货郎，桩桩斗巧。转灯儿一来一往，吊灯

儿或仰或垂。

我们再来看看各地元宵灯会的盛况：

北方以京城为代表。唐宋时期的京城灯会一般三夜、五夜，

明朝永乐年间延至十天，京城百官放假十日。正月八日至十八日，在东华门外，形成灯市，卖灯的商贩、买灯的顾客、观灯的游客络绎不绝，人物齐凑，热闹非凡。明代灯市十六更盛，"天下繁华，咸萃于此。勋戚内眷登楼玩看，了不畏人。"（《酌中志》卷二十）妇女身着白绫衫，结伴夜游，名为"走桥"，也称"走百病"，说元宵夜走一走没有腰腿病。人们到各城门偷摸门钉，以祈子嗣，名为"摸门钉儿"。太平鼓彻夜喧闹，有跳百索的，有耍大头和尚的，有猜谜语的，不分男女聚观游乐。民间观灯时间各地不一，一般三夜、五夜、十夜不等。京郊乡村人在十一日至十六日，用秫秆布置灯阵，人们进入稍不小心，就会迷路，称为"黄河九曲灯"。十三日，各家用小盏一百零八枚，夜晚点亮后，遍置井、灶、门、户、砧石之间，称为"散灯"。富裕人家点四晚，穷人点一晚，赤贫者也就不点灯了。（《帝京景物略》卷二）直到今天，北京房山人还保持元宵散灯花民俗，在正月十五晚上九到十点钟左右，吃完元宵后，家家户户开始散灯花。"灯花"由各家用"红、黄、蓝、白、黑"五色纸自制而成，制作灯花的过程又叫捻灯花。灯花在白天制作，制作完成后摆放在大盘子里（一般是茶盘），蘸上几滴香油或其他食用的植物油等晚上用。每家只做一盘灯花。散灯花需要两个人，一个人端着灯花；另一个人一手拿着点燃的错烛，一手拿着筷子夹灯花，并用蜡烛点燃。散灯花是有讲究的，按照先从正房里屋到外屋，然后到院子里，再到院外的顺序散灯花。在屋里时紧贴墙根，约一尺放一个灯花，到院里后灯花的距离远一些，沿着院子东、北、西、南的顺序散到院子大门外的路上，灯花撒完为止。有的人家散完灯花后还要放鞭炮。在正月十五的晚上，大街小巷，到处都是散灯花的人，到处都闪烁着灯光，形成一道亮丽的风景。过去人们认为散灯花可以驱灾避邪。现在年轻人散灯花的很少了，一些老年人还沿袭着散灯花的习俗。

农历正月十五是"天官赐福之日"，房山俗称过小年。过去到元宵节时，城市和乡村，都张灯结彩。灯笼大多数都是各户自己制作，大小方圆都不相同，在灯笼上绘画上鸟、兽、花、草及人物图案。人物主要是《三国》《水浒》《西游记》等戏曲中的人物，夜晚大街小巷都挂满灯笼，五光十色非常好看。北窑村等元宵节时的灯笼与别处不同，摆上一座方方正正的"灯市"，正月十四、十五、十六三日为逛灯的日子，那时村民们邀请十里八乡亲友来逛灯市，在夜晚灯火迷离中各花会鱼贯入"城"，笙鼓齐鸣，热闹非凡。现在房山地区已经没有人摆"灯市"，也很少有人在正月十五挂灯笼了。现在庆祝活动主要有高跷会、扭秧歌、歌

舞表演、看中央台的联欢晚会等。(王红利《北京房山岁时节日民俗调查》)

明代京城还有放烟火的助兴节目。烟火用生铁粉杂硝、磺、灰等做成,"其名不一,有声者曰响炮,高起者,曰起火。起火中带炮连声者,曰三级浪。不响不起,旋绕地上者,曰地老鼠"。还有砂锅儿、花筒、花盆等名目,总名为"烟火"。(《宛署杂记》卷十七)

明代南方元宵灯会同样热闹,福建人尤其重视灯会。明人谢肇淛说:

天下上元灯烛之盛,无逾闽中者。

闽方言以灯为丁,每添设一灯,则俗称为"添丁"。有人自十一夜开始燃灯,至十三日晚,则家家灯火,光照如同白昼。"富贵之家,曲房燕寝,无不张设,殆以千计,重门洞开,纵人游玩。市上则每家门首悬灯二架,十家则一彩棚。其灯上自彩珠,下至纸画,鱼龙果树,无所不有。游人士女,车马喧阗,竟夜乃散。"直至二十外,薄暮,市上儿童即连臂喧呼,名为"求饶灯",大约至二十二夜灯火方息。福建元宵如同京师有十夜灯会。富人家庭的妇女乘轿出行,贫者步行,从数桥上经过,谓之"转

〔明〕佚名《明宪宗元宵行乐图（局部）》

三桥"。(《五杂俎》卷二）

　　浙江杭州亦是南方明代元宵灯会繁盛之区，张瀚说除京师外，"若民俗最盛于杭"。杭州正月十五前后张灯五夜，在元宵节前，灯市即开，出售各色华灯。其象生人物，则有老子、美人、钟馗捉鬼、月明度妓、刘海戏蟾之属；花草则有栀子、葡萄、杨梅、柿橘之属；禽虫则有鹿、鹤、鱼、虾、走马之属；其奇巧则琉璃毯、云母屏、水晶帘、万眼罗、玻瓶之属。而豪家富室，则有料丝、鱼鲹（chén）、彩珠、命角，镂画羊皮、流苏宝带，品目岁殊，难以枚举。元宵节时，好事者或为藏头诗句，任人商揣，谓之猜灯。或祭赛神庙，则有社伙鳌山，台阁戏剧，滚灯烟火，无论通衢委巷，星布珠悬，皎如白日，喧阗彻旦。(《西湖游览志余》卷二十）明人张岱记述龙山放灯的情景：

> 山无不灯，灯无不席，席无不人，人无不歌唱鼓
> 吹。男女看灯者，一入庙门，头不得顾，踵不得旋，
> 只可随势，潮上潮下，不知去落何所，有听之而已。
> （《陶庵梦忆》卷七）

绍兴元宵灯景在明代知名海内，因为这里竹贱、灯贱、烛
贱。贱，所以家家都能置灯，贱，所以家家以不能设灯为耻，"故
自庄逵以至穷檐曲巷，无不灯，无不棚者。"十字街搭木棚，挂
一大灯，俗曰"呆灯"，上面画有《四书》《千家诗》故事，或
者写灯谜，供人猜赏。

> 城中妇女多相率步行，往闹处看灯；否则则大家
> 小户杂坐门前，吃瓜子糖豆，看往来士女，午夜方散。
> 乡村夫妇，多在白天进城，东穿西走，"钻灯棚""走
> 灯桥"，四处看灯。由此可见当时江南灯会之盛。（《陶
> 庵梦忆》卷六）

清代的元宵灯市依旧热闹，只是张灯的时间有所减少，一
般为五夜，十五日为正灯。北京元宵的灯火以东四牌楼及地安

门为最盛。其次是工部、兵部，东安门、新街口、西四牌楼"亦稍有可观"。花灯以纱绢、玻璃制作，上绘古今故事，"以资玩赏"。冰灯是清代的特殊灯品，由满人自关外带来。这些冰灯"华而不侈，朴而不俗"，极具观赏性。放烟火是清代北京元宵灯会的项目之一。圆明园宫门内，正月十五按例放烟火盒子，烟火盒子悬在大架上，每盒三层：第一层"天下太平"四大字；二层鸽雀无数群飞，取放生之意；三层小儿四人击秧歌鼓，唱秧歌，唱"太平天子朝元日，五色云中驾六龙"一首。（《竹叶亭杂记》卷一）北京烟花品类繁多，有盒子、花盆、烟火杆子、线穿牡丹、水浇莲、金盆落月等，"竞巧争奇"，焰火施放时呈现出一派"银花火树，光彩照人"的艳丽场景。（《燕京岁时记》）天津上元日，号为灯节，"通衢张灯结彩，放花炬，遍地歌舞"。（乾隆《天津县志》）山西民间同样"架鳌山，烧旺火，张灯放花，群相宴饮"，名之为"闹元宵"。（雍正《朔州志》）

清代南方元宵灯会依然兴盛，苏州灯在宋代就著称于世，元夕张灯"每以'苏灯'为最"（《武林旧事》卷二）。清代苏州灯市货郎出售的各色花灯，"精奇百出"，品类如同明代杭州。"今俗，市上所卖诸灯未改古制，而乡镇别邑，又皆买自郡中，以是元宵前后，喧盛尤昔。"苏州元宵用松枝竹叶在通衢扎棚，白天悬彩，晚上燃灯，阊门之内，"灯彩遍张，不见天日"。除街道张灯结彩外，家户店铺、神祠会馆都燃灯庆祝，平民人家在中堂点燃两根大蜡烛，安排宴席，互相观赏。当时"华灯万盏，谓之灯宴"。游人以看灯为名，结伴闲游，通宵不绝。苏州也有放烟火的节目，各乡社庙放烟火，集数十架于庭，次第燃放。

清代苏州除灯火色彩的繁华外，还有"闹元宵"的节俗。

> 元宵前后，比户以锣鼓铙钹，敲击成文，谓之闹元宵，有跑马、雨夹雪、七五三、跳财神、下西风诸名。或三五成群，各执一器，儿童围绕以行，且行且击，满街鼎沸，俗呼走马锣鼓。（顾禄《清嘉录》卷一）

小戏表演是元宵节节俗项目，北方乡村耍社火、唱秧歌、打太平鼓，南方乡村演花鼓戏、唱采茶调。清代湖北黄安正月十五前后舞烛龙，俗以此"压灾驱疫"。还有采茶灯，以十二个童男扮女装，取正月至十二月之意，各人带灯一具，称为"茶娘"；唱采茶调，每月一曲，每曲以"采茶"二字起兴。城乡妇女十五结伴同游，称为"荡元宵"。（道光年间《黄安县志》）

猜灯谜是苏州元宵节俗之一，人们将谜语粘贴在灯上，"任人商揣，谓之打灯谜"。猜中者可获得巾扇、香囊、果品、食物等奖品。城中悬灯谜之处，常常是人群集中之地，"连肩挨背，夜夜汗漫"，有时人诗作为证：

一灯如豆挂门旁，草野能随艺苑忙。

欲问还疑终缱绻，有何名利费思量。

　　灯会求子，也是明清时期常有的习俗，如前述明代福建的添灯（丁）之俗，北京的摸门钉祈子俗等。清代广州人"灯夕"祈子，士女多向东行祈子，用百宝灯供神。夜晚在灯前祈祷取彩头，如果三次筹算获胜，就意味着取得了神的默许，可以取走一盏灯。第二年"酬灯"。如果真的生子了，就要盛宴庆贺社神，此人为"灯头"，大家称其祖父为"灯公"。(《广东新语》卷九）广西北流，一般乞求生子者，要祷于社坛，生子后，在正月初十日献花灯一盏，悬于坛檐，所以数数社坛上的灯数，就知道本街区去年添了多少人丁。到十六晚，望子心切的人，偷走社坛上的灯，去照内房，以祈子嗣。北流灯会十六日晚最盛。北流习俗以十余家为一社，凑钱制灯一盏，周环以玻璃小球，中间彩胜，或麒麟送子，或状元游街，寄寓送子之意。此晚金鼓如雷，爆竹飞电，人们迎灯于社公之前。(《坦园日记》卷四）广东海丰元宵夜有"拾灯"之俗，元夕在江上放水灯，人们竞相拾取，得白色灯者为喜得男子之兆；得红灯者为得女之兆。当时有人诗咏其事："元夕浮灯海水南，红灯女子白灯男。白灯多甚红灯少，拾取繁星满竹篮。"(《广东新语》卷九）

　　明清时期，正月新年里各地有许多的庙会。庙会是岁时节日的补充形态，它与城市民众生活有着紧密的联系。明代北京较多的是香会，元旦，到东岳庙烧香；元旦到初三，男女到白塔寺绕塔；十九日聚集白云观，"耍燕九"。

是日天下伎巧毕集，走马射箭，观者应给不暇。

（《宛署杂记》卷十七）

清代北京庙会更多。有大钟寺庙会，从正月初一开始，开庙十日，"游人坌集，士女如云"。白云观庙会规模最大，每至正月，自初一起，开庙十九日，游人络绎，车马奔腾。十九日这天最盛，称为"会神仙"。厂甸庙会，从正月初一开始，列市半月，儿童玩好，集中在厂甸。东西庙（隆福寺、护国寺）是京城的两大商业集市，从正月起，每逢七、八日开西庙，九、十日开东庙。开庙之日，百货云集，"凡珠玉、绫罗、衣服、饮食、古玩、字画、花鸟、虫鱼以及寻常日用之物，星卜、杂技之流，无所不有"，是京城有名的商业庙会。

江南苏州人新年逛庙会成为习惯，"诸丛林各建岁醮（jiào），士女游玩琳宫梵宇，或烧香答愿。"其中苏州城中的玄妙观（清初曾改称圆妙观），是游人最集中的地方。观左右门名吉祥、如意，人们穿行二门，以取新年吉兆。

明清元宵时期南方民间还有"照田蚕"的习俗。农家正月十五晚在园圃、田间燃烧火炬，以驱除虫害，乞求丰收，称为"照田蚕"或"照地蚕"。

拜紫姑是明清时期元宵夜的一项女性民俗活动。紫姑是六朝时出现的民俗神，民间称为"姑娘""七姑""戚姑""厕姑""坑三姑"等。明朝北京在正月十五前后夜，妇女扎一草人，穿上衣裙，号称姑娘，有两个女童扶掖，以马粪祭祀，打鼓，唱神歌，祈祷三遍，姑娘神就会跃动，以草人立拜或是倒地不起，确定休咎。这样的活动一定不能有男子出现。（《帝京景物略》卷二）明代江南元宵也要拜姑娘神，杭州妇女人家在元宵召帚姑、针姑、苇姑、箅箕姑，以卜问一岁吉凶。清代苏州"望夕迎紫姑，俗称接坑三姑娘，问终岁之休咎"。（《清嘉录》卷一）苏州接紫姑，是以红布缠绕斗筲、列案祷请、银簪划灰的方式进行。人们问一年的农桑、疾病、牲口情况。陆毓元《祭紫姑词》描述了当时祭祀紫姑神的情形：

田家且喜新年换，户赛紫姑正月半。

红巾三尺斗筲缠，小娃明灯列杯案。

小姑拜祷前致辞，炉灰浅拨银簪移。

次第陈将一年事，吉语先报吴侬知。

丁男种田多得谷，大妇把蚕齐上簇。

四时疵疠不复兴，牯牸（gǔ zì）无瘟亦蕃育。

（《吴郡岁华纪丽》卷一）

　　湖北长阳元宵幼女请紫姑神，问灾病、休咎、年成，称为“请七姑娘”。

　　吃元宵。元宵是一种节令食品，明清正月十五吃元宵成为时尚。明朝京城在初九之后就开始吃元宵。元宵用糯米细粉制成，圆形，内包核桃仁、白糖为馅，大如核桃，江南称为“汤团”。清代苏州人称为圆子，杭州人称为“上灯圆子”。在祭祀祖先之后，家人老乡一起享用圆子，取其团圆的意义。

　　元宵的声响与色彩共同烘托着元宵节日的气氛。元宵的月亮悄然俯视着人间的灯火。元宵的热闹吸引着乡村、城市的居民，他们纷纷走出家门，看戏、逛灯、猜灯谜，走百病、闹夜，连平日隐藏深闺的女子这时也有了难得的出游机会。“男妇嬉游”是元宵特出的人文景观。司马光是有名的礼法之士，他的夫人在元宵夜打扮着准备出门看灯，司马光说：“家中点灯，何必出看？”夫人回答说：“兼欲看游人。”司马光说：“某是鬼耶？！”“看人”的确是宋明以后传统社会中稀见的机会，平时限制在各自的封闭时空中的人们，难得有聚会的日子。正月元宵是一年中唯一的“狂欢”节，人们在这一阶段打破日常的秩序的约束，实现着本性的感官的愉悦。人们祈求婚姻的美满、子嗣绵延、身体的康健与年岁的丰收。有人说元宵是中国古代

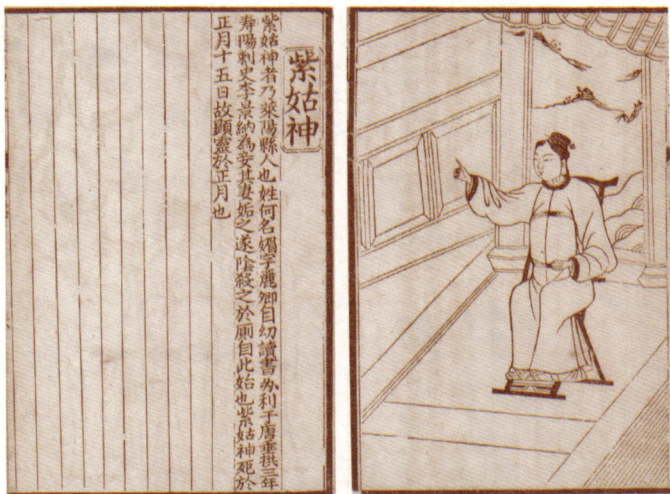

紫姑神若乃萊陽縣人也姓何名媚字麗卿自幼讀書為利子唐垂拱三年壽陽刺史李景納為妾其妻妬之於正月十五日故顯靈於正月也

古籍中的紫姑形象
《三教源流搜神大全》宣统元年叶德辉校刊本书影

的情人节，似乎有几分道理。

在社会急剧变革的当代，繁复的节俗已简化为"吃元宵"的食俗。其实元宵这样一个历史悠久、影响广泛的民族节日，它有着相当丰富的文化内涵。就其社会娱乐的形式看，有着充分利用的文化价值。在当今日益个性化的社会生活中，如果我们利用元宵这一文化资源，有意识地为城市居民拓展社交娱乐的空间，鼓励广大市民的参与，让传统的"闹元宵"变成城市社区的"狂欢节"，这对于活跃民族精神、稳固社会秩序大概有其特定的社会意义。

海外过春节

海外同胞过春节

　　春节是最能唤起传统文化意识、实现民族认同的节日，它通过一系列特定的民俗活动增进民族情感，增强民族的凝聚力。对远离故土的几千万海外华人来说，无论走到哪里，他们都忘不了春节，春节是他们一年中最重要的生活内容，春节成为他们表达对故土的情感的最好方式与展示中华文化魅力的最佳时机。

亚洲侨胞过春节

　　新加坡华侨众多，春节放假两天。春节前，新加坡的大街小巷和商业区早已换上了中国传统的春节盛装，大大小小的红灯笼高高挂起，喜气洋洋。购买年货的人们络绎不绝，将购物商场挤得水泄不通。人们争相购买春联、年画，鲜花此时也是最受欢迎的年货之一，梅、竹、菊、兰四君子以及水仙花、富贵竹都是人们喜欢购买的花卉植物，这些鲜花寄寓了人们祈求富贵、高升的美好愿望。除夕之夜一家人聚在一起吃团圆饭，

〔清〕钱维城《梅茶水仙图》

很多家庭都喜欢吃火锅,取其红红火火之义。除夕晚上,大人也要准备好红包,给小孩压岁钱。节日期间,人们走亲访友,拜年祝贺。拜年时不用提着贵重礼物,只需带着两个橘子,进门捧向主人即可。橘与"吉"谐音,象征大吉大利。主人在客人告辞时,也要奉还两只橘子。新加坡华人欢庆春节的活动丰富多彩,其中,一年一度在美丽的滨海湾举行的"春到河畔迎新年"活动,历来是华人新年的重头戏。该活动以弘扬中华传统文化为主旨,让广大华人沉浸在春节的欢腾气氛中。该活动每年都有特色主题,如中国的京剧、书法艺术等,当然还有各种娱乐表演。男女老幼到河畔看表演,品尝美食,感受中华民俗文化。到了晚上,燃放绚丽多彩的烟花,整个夜空璀璨斑斓,庆祝的高潮一直持续到元宵节。

马来西亚的春节是法定的节日。马来西亚华人华侨很重视春节,整个春节持续很长时间,一般从冬至到正月十五都算过年,过年的习俗与中国内地大致相同。马来西亚新年一过,从首都吉隆坡到全国各地华人聚居区或中国城,欢庆春节的气氛日渐浓厚。吉隆坡的中国城张灯结彩,到了晚上灯火万盏齐明,颇为壮观。各个商场里摆满了年货,有大红灯笼、春联、年画等,喜气洋洋的人们争相购买。鲁谷地区以福建闽南籍华侨居多,人们过年一定要买凤梨,因闽南语"凤梨"与"旺来"的发音接近,所以每家过年一定要买,供在神像面前,以图兴旺发达、大吉大利。而商店里则出售塑料制成的凤梨，经久耐用，也深受人们喜爱。大年三十这天，各家各户纷纷挂起大红的灯笼，贴起春联，烘托节日的喜庆气氛。晚上，阖家团聚，大家围坐在一起吃团圆饭，守岁。大年初一，大家出门互相贺年道喜。这天不能扫地，信佛的人这天只能吃素，还要到寺庙里烧香，祈求护佑。初二开始到亲戚朋友家拜年。当地的华人团体还组织相应的舞狮队以及各种戏曲表演。有意思的是，马来西亚信仰基督教的华人也过春节，他们到教堂做弥撒。此外，正月十五还有一项有趣的习俗，未婚男女聚在一起，男的向女的抛苹果，女的向男的抛柑子，据说这样来年就会找到如意的对象。春节的习俗就这样一代一代传下来。

印度尼西亚政府于2000年正式宣布撤销1967年颁布的限制华人公开庆祝自己节日的决定书，2002年又正式确定春节为官方假日。

泰国华人开的商店，春节期间一般都会停止营业。除夕各家各户都会举行祭祖仪式，然后全家围坐吃团圆饭。大年初一，亲戚朋友互相拜年时，习惯拱手合十，互致"吉祥如意"。

明治维新以前的日本，同样享受农历大年。直到今天，琉球民俗还过中国式的春节。日本长崎、横滨、神户各有一条中华街，这三条中华街在日本都很著名。每到中国春节时分，中华街就成为当地的重要娱乐空间，同时也是中国文化一年一度

〔日本〕佚名《春日祭礼兴福行事上卷（局部）》

的重要展示日。横滨中华街农历新年挂彩灯的历史已经延续了几十年，正月初一有歌舞游行，人流如织，锣鼓、鞭炮声此起彼伏。正月十五在关帝庙举行的元宵灯会也是热闹非凡。神户中华街在南京町，这里每年春节都举行大型广场表演活动。为

了筹办2007年2月春节的龙舞，人们在2006年12月就开始征集参与春节集体表演的华人志愿者，可见当地华人对春节活动的高度重视。

美洲侨胞过春节

除了亚洲地区以外，春节也是其他地区广大海外华人的重要节日。美国华人聚居的地方，每年春节都能让人感受到浓厚的中国味道。在纽约的唐人街，临近春节，商场饭店张灯结彩，人群攒动，向人们传递着中国人春节来临的信号。春节期间，大家聚在一起包饺子，感受中国式的过年方式。一些华人餐馆也适时推出了"团圆饭"，价格尾数一般为8或9，象征着"发"和"久"的吉利语。每道菜都冠以吉祥之名，如以鱼为主的"年年有余"，以鸡命名的"彩凤迎春"，令顾客感受新年的喜庆气氛。虽然价格不菲，但深受广大华人喜爱。春节来到，人们见面的第一句话就是"恭喜发财"。

纽约市市长也会不失时机地向广大华人拜年祝贺，与华人在一起工作的美国人也会友好地招呼新春快乐。在唐人街上，喜迎新春大游行是纽约华人最重要的过年节目，每年春节庆祝活动吸引了成千上万的游客，以至于被当地旅游局列入游人"不可错过的"观光项目，并建议游人穿着唐装参加游行。多家华人耍龙舞狮团向路人表演传统的耍龙、舞狮节目，或走街串巷向商家贺岁。街头还有其他文艺表演，有花车游行，还有剪纸、书法以及民乐表演。此外，在唐人街罗斯福公园的新年花市，更为迎新春活动带来了一个小高潮。凡是有华人的地方，到处都呈现一派喜气景象。如此精彩热闹的活动，展示了中国文化的独特魅力，使到此游玩的西方人也不由自主地参与其中，体验中国的民间习俗。纽约市旅游局、银行和媒体等一些机关、大公司也心甘情愿地为迎新活动做宣传、提供赞助。近年来更是吸引了迪斯尼派出卡通主题人物助兴参与其中。前些年，美国邮政当局一逢春节，还会发行庆祝中国人春节的生肖普通邮票，以示纪念。

2003年，纽约市政府还将春节定为公民的公共假期，足见春节在纽约的影响力。燃放鞭炮是中华民族过新年的传统节目之一，纽约市政当局为此还专门安排了鞭炮燃放点和燃放时间，允许在中国人集中居住的曼哈顿中国城和法拉盛燃放鞭炮。对于越来越看重华人文化的美国人来说，春节成为他们了解中国传统文化的重要窗口。

21世纪以来，在加拿大华人逐渐增多，春节在当地成了一个重要的节日，也使中华文化的影响力在当地日益扩大。加拿大由于人口较少，一些人往往选择和熟识的朋友聚在一起度过除夕之夜。传统的过年习俗之一是包饺子，这也是海外华人过年时普遍采用的聚会活动之一。此外，当地华人组织也会举办春节宴会庆祝春节。春节期间，从加拿大东部的多伦多到西部的温哥华，华人团体还举办大型的游行联欢活动，有舞龙舞狮、武术杂技以及传统戏曲的表演，深深地吸引着当地的居民参与其中。温哥华的唐人街，举行类似于庙会式的游乐购物活动，为当地增添了一道道亮丽的风景。

欧洲侨胞过春节

随着华侨华人在法国影响日益增大，庆祝中国春节的活动在法国越来越受到重视。在法国巴黎，聚居了众多的华人华侨，每逢春节来临，华人们都会努力地渲染春节的喜庆气氛。巴黎十三区的唐人街，到处挂满了写着"合境平安"和"吉祥如意"等字样的彩条。商场和百货公司也迎合华人过年的需要，在橱窗、墙壁和门上全都挂上了喜气洋洋的象征春节吉祥的图画。全球连锁超市家乐福在全法国各个连锁店开设了"中国货"特别柜台，卖中国食品、年货。一些中国人开设的商店、餐馆则点亮了大红灯笼，渲染过年的喜庆气氛。春节期间，广大华人华侨聚在一起，品尝着地道的中国菜，风风火火地过大年。当然，每年的春节联欢晚会也是巴黎华人过年时的一道精神大餐。而春节最热闹的庆祝活动，那就是广大华人团体组织的彩装大游行，可称得上是新春嘉年华盛会。届时，几十个侨团盛装表演中国传统的文艺节目，有舞狮子、中华武术表演、装扮京剧人物等，从市中心到狭小的街区，向各界人士大拜年。近年来，随着中法文化交流的扩大，春节逐渐被巴黎政府当局和市民所接受。法国总统还曾经亲自接见彩装游行的代表。

　　每年春节，巴黎市长与巴黎各区领导都会出席庆祝活动，巴黎市民也会携家带口来到游行和演出场所与华侨华人一道共同庆祝节日。2006年春节，法国邮政总局还专门发行了中国的狗年生肖邮票，欢庆狗年的到来。中国有关部门还组织北京市民代表与巴黎同胞一起在世界瞩目的巴黎香榭丽舍大街举办彩装大游行，共同欢度新春佳节。游行当天，塞纳河畔的市府广场和香榭丽舍大街，每一根灯柱上，都挂起了中国大红灯笼，将中国传统新春佳节的喜庆气氛带到巴黎。法国首都巴黎的市政府大楼前人山人海，人们聚集在这里参加春节彩装游行。北京市市长和巴黎市市长亲自为游行队伍中的舞龙表演举行点睛仪式，宣布彩装游行的开始。一时间锣鼓喧天，震耳欲聋，几十个侨团的华侨载歌载舞，龙腾虎跃，将游行活动推向高潮。精彩的表演张扬着优秀的华夏文明，也增进了中国人民与法国人民之间的友好情谊。

　　英国伦敦的唐人街，每到春节也是张灯结彩。商家充分利用这一机会进行春节营销，红色的灯饰、大红的喜字、鞭炮串、中国结等装饰品摆满了柜台。伦敦市政府曾经多次利用春节作为"中国文化在伦敦"的推广机会，让伦敦市民与其他英国人能够集中领略中国历史文化的风采。

非洲侨胞过春节

在南非华人将春节庙会办到了约翰内斯堡，他们利用春节庙会这一传统形式展示中国传统的节日文化。2007年，"首届南非华人春节庙会"的大幅电子广告牌早早就出现在了南非最繁华的街道上。

春节是世界华人共享的民族文化节日，它让全世界的华人在同一个时间、不同地点选择同一种节日仪式——过年。在全球化的今天，融入世界大家庭里的海外华人，在各自的异国他乡里传承着由祖祖辈辈流传至今的春节传统。随着中国国际地位的上升以及海外华人群体的扩大和影响，我们的春节以其特有的文化内涵，正在逐渐被世界各国人民所认识和接受。

东亚的春节

还有一些东亚国家，与中国一样保持了过传统农历新年的习惯，他们的新年与中国农历时间一致，习俗具有各自国家民族的特色。

在越南，春节是最隆重的节日，也是国家法定休息时间最长的一个节日。越南的过年习俗与中国大同小异：腊月二十三开始过年，腊月三十除夕守岁，放鞭炮，吃团圆饭。大年初一拜年、赶庙会。

韩国人也一直保留着正月初一过春节的习俗，韩国称春节为"舍尔"，意思是新年之首。春节期间全国放假，人们纷纷从城市返回故乡，交通的繁忙与当今中国的春运相似。年三十韩国人也要全家团圆，吃年夜饭。每逢此时，遍布韩国各地的大小几十万家饭店，几乎全部"挂牌停业"，形成了韩国特有的"风俗"。新年全家人团聚在一起，祭祀祖先，在家静心祝福，祈求好运。春节这一天，家家都做多种食品，称为"岁餐"，并互相赠送或与近邻们分享，也用来招待登门拜年的宾客。岁餐含大米、鱼类、肉类、活野鸡、鸡蛋、柿饼、紫菜、酒、香烟等。

春节早上喝年糕汤有辞旧迎新的意义。在韩国人的传统观念里，过年的当天吃年糕汤就意味着长了一岁。因而春节期间大人问孩子岁数时，往往不直接问几岁，而是问他"吃了几碗年糕汤"。拜年，是韩国人春节习俗中重要的内容。虽然平日人们大多已习惯穿着洋装西服，但在春节（农历正月初一），许多人换上了传统的民族服装（韩服）相互恭贺新年。

韩国春节的娱乐民俗有放风筝等，人们认为越飞越高的风筝，不仅寓意着霉运的放逐与丢弃，也是新年自己步步高升的运势象征。春节期间跷跷板游戏也是韩国妇女喜爱的、具有浓郁的民族特色的娱乐活动。韩国妇女穿上节日服装，聚集在一起，参加跷跷板活动，尽情欢乐。

后记

　　春节是中华民族第一大节，是中国最丰厚的文化遗产之一，同时又以祈福迎祥与和睦喜庆的节日特质，呈现出人类文明共通的形态。自从春节列入国家第一批非物质文化遗产代表性项目名录后，对春节的保护与传承成为政府、社会共同文化使命。伴随着近年来中国快速城市化过程，巨量人口在春节前后的城乡移动所形成的春运景观，是人类历史上所罕见的，也是春节在人们心目中神圣地位的完美呈现。在这样的背景下，我组织编写了"节日里的中国"丛书，我自己承担了《春节》的写作任务。"今天是网络化的时代，同时也是陌生化的时代，我们的民族需要一个亲情汇聚的节日，春节作为极具精神价值的文化传统，在当代社会生活中映射出异样的光芒，对于我们来说，它是光明而温暖的。"这段文字曾在《人民日报（海外版）》发表，引发同仁的共鸣。

　　新世纪以来，在政府非物质文化遗产保护工作的推动下，在中央文明办"我们的节日"主题倡导下，在传统媒体、新媒体、出版社、出版公司共同营造的崇尚传统节日文化的大环境的影响与涵养中，包括春节在内的传统节日得到全社会的高度重视，关于节日的研究著作、普及读物洋洋大观，关于传统节日的讲座、电视访谈、节会仪式活动是一年又一年的反复出现，传统节日回归日常生活成为时尚。我在这些年间发表节日论文、文章与接受访谈近百篇次，著作多部，也算对节日非遗传承做出了小小贡献。从当代传统节日的回归实践看，节日文化成为我们复兴传统的最便捷最有效的方式，也是我们对民族文化传统进行创造性转换与创新性发展的重要时机。

春节的传统核心要素，在当代依旧传承，此前一度丢失的传统节俗也逐渐回归生活。在信息网络技术与新媒体发达的当代，春节有了许多新的过法，春晚、网络拜年、微信红包等，让传统春节的时空显著扩大，也促成了春节习俗跨地域跨族群的传播与分享。春节是一个全民共享的欢乐节日，送旧迎新、欢乐祥和的节日气氛，通过电视媒体的传播助力与信息网络的联系沟通，她既温润了民族共同体成员，也让所有中华民族子孙感受到春节温暖愉悦的美善。春节让每一个中国人，以及海外华人都获得四海一家的共同感。

作为岁首的春节在中华民族传承了两千多年，人们将许多的感情、愿望、伦理、信仰都积聚在这一节日上，春节已经不是简单的时间点，它被广大人民充分价值化，春节不仅是具有象征意义的非物质文化遗产，是我们铸牢中华民族共同体意识

后记

243

的情感认同资源，更是我们今天复兴中华民族伟大梦想的精神动力。

近三年来的世纪疫情，对于中国人的春节团聚产生了不小的影响。虽然我们常用"吾心安处即家乡"来安慰自己，但故乡的春节还是我们舍不得的心结。我们期待冬天的雾霾及早消散，春天的百花快快盛开。我们期待春节，期待"一元复始，万象更新"。在虎去兔来的辞旧迎新之际，我们共同享受春节给我们带来的情感温暖。感谢领读文化的康瑞锋老师的邀约，感谢天津人民出版社出版这套"节日里的中国"丛书，感谢编辑的精心编校。谨以这本小书，奉献读者，敬请各位批评指正。

萧放于壬寅年冬十月初一